全国のR不動産

[面白くローカルに住むためのガイド]

著：東京R不動産／稲村ヶ崎R不動産／金沢R不動産／大阪R不動産／神戸R不動産／福岡R不動産／鹿児島R不動産／山形R不動産

学芸出版社

全国のR不動産　面白くローカルに住むためのガイド

東京R不動産から全国のR不動産へ

text ＝馬場正尊（東京R不動産／Open A代表）

2003年、東京R不動産は始まった。東京都心の、ちょっとクセがあるけれど、ある人にとってはたまらなく魅力的かもしれない物件を集めた不動産サイト。

今までは駅からの距離や広さ、設備や築年数などの性能情報で評価されていた物件を、R不動産では「改装OK」「レトロな味わい」「天井が高い」など感性のアイコンと、率直な文章と写真で表現した。それはおそらく都心居住や、中古物件の味わい方、リノベーションの普及に一役買ったはずだ。

東京R不動産が始まって3年が経った頃、「金沢でR不動産をやってみたい」と、サッカー仲間の小津さんから切り出された。本職は建築家、でも金沢で飲食店を経営したりとやんちゃな先輩だ。それが全国へ展開するきっかけになった。

その後、福岡からは20代の若者が突然やってきて、「オレに福岡R不動産、やらせてください！」と、ほとんどこちらに選択肢を与えない勢いで話を進めた。その本田さんは独立したばかりで、新しい人生をこれにかけていた。

稲村ヶ崎では、これまでの人生で15の会社をつくり、そのうちの二つを上場させ、28回の引っ越しを重ねた経験豊かな藤井さんが、なぜか「次は、R不動産をやる」と言いだした。

R 不動産は現在、全国 9 つの都市で展開中です。

東京 R 不動産
www.realtokyoestate.co. jp
房総 R 不動産
www.realbosoestate.jp
稲村ヶ崎 R 不動産
www.realinamuraestate.jp
金沢 R 不動産
www.realkanazawaestate.jp
大阪 R 不動産
www.realosakaestate.jp
神戸 R 不動産
www.realkobeestate.jp
福岡 R 不動産
www.realfukuokaestate.jp
鹿児島 R 不動産
www.realkagoshimaestate.jp
山形 R 不動産
www.realyamagataestate.jp

神戸では、森ビルでの勤務や、ホテル会社の社長という、およそR不動産の世界とは似つかわしくない経歴を持つ小泉さんが、究極の住み処を求めてたどりついた街で、その価値観を表現すべく神戸R不動産を始めた。
この動きは山形、房総、大阪、鹿児島へとつながっていく。

R不動産という名前は共有しながら、誰ひとりとして似たようなキャラクターはいないし、始めた動機も、ベースとなる職業も、そして都市の規模も課題もさまざまだ。共通しているのは、自分たちの街を圧倒的に愛していることと、その街での生活をもっと楽しく変えていきたいと思っていることだ。
この本はその想いの集積によってできあがった。

R不動産は、こうして少しずつ全国に広がり、現在9都市で活動をしている。拡大は目的ではないけれど、共感してくれる仲間が増えていくのは嬉しい。住むことに対する新しい価値観を一緒につくっていきたいと思っている。この本が、R不動産という媒体を通し、日本をいかに面白く過ごすか、そのヒントになってくれればいいと思う。

[01 鎌倉]

REAL LOCAL 01

鎌倉はむしろ とても新しい 街なのだ

**「鎌倉の景観・街並みが壊れていく。
開発を推進するのも不動産屋だが、
それを止めることができるのも不動産屋。
なら、不動産屋になろう」。
藤井さんはそう考え、15 回目の起業をした。
そして稲村ヶ崎 R 不動産が始まった。**

藤井健之 Takeyuki Fujii

稲村ヶ崎 R 不動産　ディレクター

稲村ガ崎三丁目不動産株式会社代表。1963年山口県生まれ。鎌倉移住の末に不動産屋として生きることを決意。最近は店を開けて山歩きをしていることも……多々。これまで28回の引っ越しと15回の起業を行ってきた。この春からは、山梨県の小淵沢に自宅を引っ越した。現在、小淵沢から稲村ヶ崎R不動産がある鎌倉に週2回通う日々。2歳児のパパとして子育ても奮闘中。「お孫さんですか？」って尋ねられることもあったりして少し悲しい気分になることも。

稲村ヶ崎R不動産
www.realinamuraestate.jp
2008年10月スタート

今までの人生で28回引っ越しをしていろんな土地に住んできたが、ひとつの街でこんなに長く動かなかったのは初めてだ。鎌倉に来てもう16年になる。もちろん海や山といった、風土的な面での気持ち良さもあるのだが、気に入っている一番の理由はこの街が非常に排他性のない性格を持っていること。僕はその前は東京で10年暮らしていたが、東京という街は意外とエリアごとに土着の人がちゃんといて、そういう人たちのつくっている慣習とか文化の型に縛られる部分が少なからずあった気がする。けれども、鎌倉に引っ越してきて感じたのは、ここはみんながどこかよそ者という意識を持っていること。

鎌倉＝古都のイメージを抱く方もいるかもしれないが、実は鎌倉幕府が滅亡した後、ここは長い間一般の人々が住まない土

地だった。ようやく明治時代になって、外国人がここの景観を気に入って暮らし始めた。それから日本の資産家や政治家などが家や別荘を建て始めて、最終的に一般の人々が鎌倉に移り住んでくるようになったのは、昭和、ほぼ戦後になってからのこと。だから僕らがここで仕事をしていても、「鎌倉で3代住んでいる」という人には滅多に会わない。鎌倉は、むしろとても新しい街なのだ。

僕はこの鎌倉のように移住者がいろんなものを持ち込む街が好きだ。自分自身がいろんな土地に移り住んできたからでもある。僕は、一人前になったら家を買って住宅ローンを払いながら終世その土地に住み暮らすというような、「終《つい》の住みか」的発想から自由になる人がもう少し増えてもいいのではないかという気がする。もちろん、何十年と同じ場所に暮らすのもひとつの幸せの形ではあると思う。しかし一方で、いろんなものがダイナミックに変わり刷新されていくという意味で、「移動」は他に代えがたい魅力を持つ。風景も、つきあう人も変わるし、自分もリセットすることができる。むろん、ときにそれはフィットするまで苦しみを伴う面もあるかもしれないが、それを乗り越えた先にはもうひとつ上の人生の楽しさが待っているというのが実感である。

鎌倉・湘南というのは移住初心者にもお勧めしたい。東京との関係や、現在の経済的な基盤を切り捨てることなく、自分にとって何がもっとも大切か、あるいは何は切り捨ててもいいのかということと向きあって見極めるための時間が得られる。いきなり遠いところに移り住むのはまだ抵抗があるという人にとっての予行演習の場所としても良い。

また、最初から物件購入を希望する方もいらっしゃるが、土地勘がなければできれば最初は賃貸をお勧めしたい。一口に鎌倉と言っても場所によって本当に違うので、実際に暮らしてみて感触を確かめてみてほしい。購入前に2年ぐらいの試運転期間があっていい。そして土地感、相場感を身につけた上で、自分に一番合う場所を選んでもらえたら。

移住が気になっている方、まずはここまで来てみませんか。

(左) 稲村ヶ崎駅近くの浜。
(右) 稲村ヶ崎駅の改札を出てすぐのところにある「稲村ヶ崎R不動産」の店舗兼オフィス。

(前々頁の写真) 稲村ヶ崎駅から海に向かう道にて。稲村ヶ崎R不動産の藤井健之。

REAL LOCAL 02

鎌倉に住んで得られること

text= 藤井健之

■今の経済的な状況を失わずに　環境を変えられる場所

鎌倉は、東京からの移住を試してみるうえでの、ある意味リトマス試験紙みたいな場所だ。現在の自分の経済的な状況を失わずに移り住めるから。いきなり遠方へ移住するのは自分の中でハードルが高いという人は、いったんこのエリアに来て仕事と環境のバランスを確認しながら、自分の人生にとって何が大切なのかということを見極めてみるのが良いのでは。

■移住者が自分のルールで生きていける街

鎌倉は鎌倉幕府が滅亡した段階で街としていったん衰退した後、明治時代になってまず外国人が住みだして、それから日本の財界人や文化人などが家を建て始めた。本格的に一般の人が住むようになったのはおそらく戦後になってから。したがって、土着的な性格は薄く、慣習などに煩わされることが少ない。自分のペースで生きていける。排他的でなく風通しが良い。

■海の近く、山の近くに住みたい人に

湘南に移住を考える人は、やはり自然がキーワードになっていることが多い。山の近くに住みたいとか、家から海を見たいとか。あるいはサーフィンをしているから海まで歩いていける距離であることを物件条件として希望する人も多い。確かに、毎日海に行くわけでない私であっても、

1 鎌倉市極楽寺にあるマンションからの風景。2「稲村ヶ崎」駅前の様子。3 稲村ヶ崎駅から海へと向かう道。4 生活道として使われている山の道。5 稲村ヶ崎には急な石段を上ったところに眺望の素晴らしい物件が。6 庭を散歩する感覚で浜に出られる家も。

仕事で移動する途中などに、道路の先に海が少し見えたりするのは好きだ。都心部にいると山や海を感じる機会はほとんどないが、ここにいると海や山がすぐそばにあることによって緩やかに得られる何かがある。

■自分が自然の一部と感じられる

都市開発の中で耳にする「グリーン」という言葉から、つい人工の匂いを感じてしまうのは私だけだろうか。

それは美しいし景観も素敵ではあるが、「自然」とは似て非なるものでは。自然というのは本来、森に蠢《うごめ》いている生き物のように、人間にとっての危険も同時に孕んでいるもの。

また鎌倉は山が入り組む中に平地がある「谷戸《やと》」という地形になっているところが多いせいもあって、湿気が強い。が、それも木が水を吸っているから。海の近くということで、潮風と湿気による建物への塩害などもある。つまり、便利とは真逆の環境。でも、それを含めて自分が自然の一部であり、本当の意味での自然に包まれるとはどういうことなのかが、鎌倉に住んでいるとわかってくる。

■新鮮な魚や野菜が食べられる

実は相模湾はすごくいい漁場で、鎌倉の腰越や逗子の小坪など漁港も多く、鎌倉周辺は新鮮で美味い魚が食べられる土地である。また、鎌倉

7

8

9

の駅前に「鎌倉市農協連即売所」(通称レンバイ)という市場があって、そこで地元の農家の方が直接売る、朝採ったばかりの野菜が新鮮で美味しい。

■江ノ電

江ノ島電鉄に子どもを連れて乗っていると、自然と周りのみんながあやしてくれる。あの電車の、何とも言えずのんびりとしてハッピーな雰囲気は、この土地の魅力のひとつだろう。

■カマコンバレー

業務拠点を東京ではなく、あえて鎌倉周辺に持つ企業やフリーランサーがここ数年で格段に増えている。なかでも目立つのがIT関係で、その動向は「カマコンバレー」という言葉で呼ばれている。「カヤック」(※)のような先駆者の存在も大きい。またそうしたワーカーたちがいわゆるテナントビルでなく、古い一軒家などを好んで借りて事務所として使っていることが多いのも興味深い。カマコンバレーの勉強会に顔を出させてもらったこともあるが、何十社という数のIT関連企業が一堂に集まってプレゼンをしあっていた。鎌倉から上場する会社が今後もっと増えてくるのではないか。

■マイクロステイ

2013年11月より、稲村ヶ崎R不動産とカマコ

7 鎌倉市農協連即売所。8 逗子市小坪漁港の直売所。(©高島 斉／鎌倉フォトガイド社) 9 心和む江ノ島電鉄。10 鎌倉拠点のIT企業が集まる「カマコンバレー」の定例ミーティング風景。11 移住体験をしてみたい人のための「マイクロステイ」。

ンバレーとの共同プロデュースで、実験的に「マイクロステイ」というお試し居住のサービスを開始した。

マイクロステイとは、1週間の滞在を通して実際の居住を擬似体験していただくものである。また鎌倉地域にある別荘の未使用時期や、売買や賃貸物件の募集中期間を有効利用し、1週間の短期賃貸を行う取り組みとも言える。

基本的に1週間単位で普通の住宅を貸し出す。旅館やホテルのようにアメニティーや食事を提供したりということはしない。だが実際に会社まで通勤してみたり、周りの雰囲気を体感してみたり、そこに自分がフィットできるかどうかをリアルに確認してもらうことができる。

現在（2014年7月時点）、稲村ヶ崎の高台に建つ海を見下ろす一軒家と、葉山一色のテラスハウス、秋谷のリゾートマンションの3物件でマイクロステイを募集中である。徐々に物件のラインナップを増やしていく予定だ。

マイクロステイ　http://microstay.net/

※通称、面白法人カヤック。さまざまなウェブサービスを提供している会社。2001年、本社をそれまでの東京から鎌倉に移転した。

REAL LOCAL 03

エリアガイド

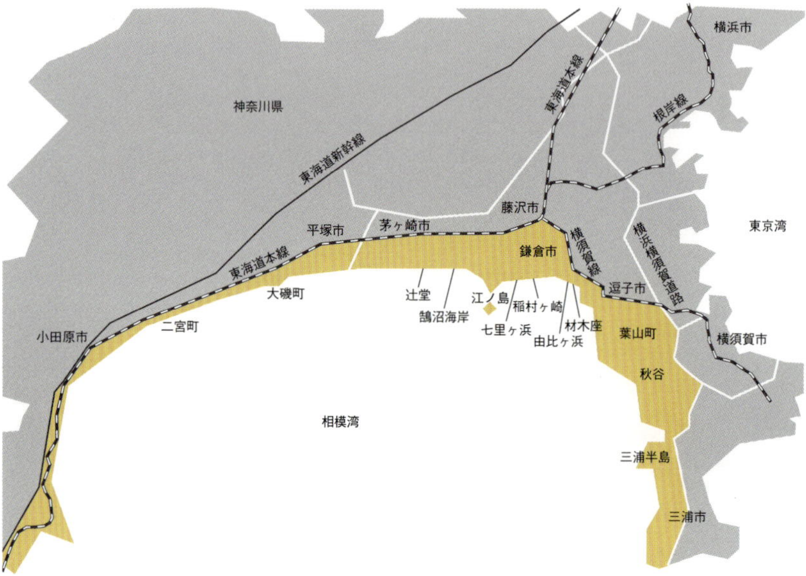

稲村ヶ崎R不動産で紹介している物件の対象エリアは主に湘南。神奈川県の南部である。
東から西に向かって順に、三浦市、横須賀市、葉山町、逗子市、鎌倉市、藤沢市、茅ヶ崎市、平塚市、大磯町、二宮町、小田原市。ただ、三浦半島といっても東京湾側ではなく相模湾側。道路で区切ると、横浜横須賀道路より西側を中心に。
鎌倉市は、横須賀線と東海道本線に囲まれた南側のエリアの物件を多く扱う。藤沢市、茅ヶ崎市も同様に東海道本線から南側を中心に展開。
概して、移住者が多かったり海や山といった自然が残っているエリアを中心に物件を探している。

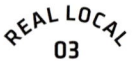

01 三浦市(三崎口など)・横須賀市(秋谷、佐島など)

鎌倉から見ると南のエリア。京急線の三崎口駅近辺以外は電車がなく、都心通勤は難易度が高い。しかし自然環境は豊かで、安くて広い土地・のどかな暮らしを求めて、土地勘のついた鎌倉住民の移住者も少なくない。

02 逗子市・葉山町

逗子は横須賀線の始発＋車両増結駅のため、都心まで座り通勤が可能。そして街の中心部から海までの距離が短い。葉山は、逗子駅からバス便となるが、美しいビーチと穏やかな山が特徴的。ゆったりとした海近の暮らしが実現できる。

03鎌倉市 - 街中〜山側(雪ノ下、扇ガ谷、佐助など)

旧鎌倉エリアは交通や生活の利便性が高い。休日は観光客や他県車両が多いが、地元住民が利用する生活道路としての静かな路地が街をつないでいる。生活圏のすぐ隣にある山は多くがハイキングコースとして整備されている。

04鎌倉市 - 海側(材木座、由比ヶ浜、稲村ヶ崎など)

材木座から七里ヶ浜、腰越に至る海岸線は海水浴やサーフィンのメッカ。国道 134 号が海側を走るため生活圏は山側にある。江ノ電沿線に形成された街は漁師町、マンション群、分譲地、小さな駅前商店街など。

05藤沢市(鵠沼海岸、江ノ島、辻堂など)・茅ヶ崎市

鎌倉以南と比較して広い平地が続く。サーフスポットが連続するエリアで、サーファーと若い移住者が多い。かつては別荘地の屋敷群の大きな森が街の景観の主体だったが、現在は土地が細分化され緑が少なくなってきた。

06湘南その他(大磯町、二宮町、小田原市など)

「大磯は昔の鎌倉のようだ」という年配者は多い。海と山とゆったりとした空気の流れる街区は大きな敷地の家が多い。二宮、小田原は地元民が多数派の街だが、広くて安い家探しにはお勧め。東海道本線で座り通勤が可能。

REAL LOCAL 04

物件特徴

以前はこちらの建物に稲村ヶ崎R不動産のオフィスが入っていた。

洋館付き古民家

鎌倉で特徴的なのは、基本的に平屋が多いこと。日本家屋で、そこに洋室が一つ付いている。一方で、鎌倉は明治期に産業がなかったので、横浜などで見かけるような煉瓦造りの建築などは数えるほどしかない。また、明治期の住宅や別荘的な造りのものは関東大震災で全部流されてしまった。したがって、震災後に建てられた、大正期以降の洋館付き古民家が多い。

山の斜面地に建てられたスゴいビューの家

鎌倉の中でも稲村ヶ崎は海抜が一気に上がっている場所。そして七里ヶ浜などと違い、この辺りは山が崩されていないので、山の中腹に一軒分の切り落としがあり、そこに家が建っていたりする。そこからは海を見下ろすすごいビューが得られる。ただその代わりに、家まで毎日、石の階段を100〜200段も上る必要がある。

1 三浦市のマンション。バルコニーからは海の眺望が。2 稲村ヶ崎、斜面地の上に建つ一軒家。3 葉山一色の海沿いにある物件。

海に向かって「一列目」物件

稲村ヶ崎R不動産では、湘南地域でもっとも海寄りを走る国道134号線に沿って建つ物件を、その希少さを表して「一列目」（海に対して最前列の家という意味）と呼んでいる。ただ、同じ134号線沿いでも、場所によって物件の性格が全然違う。

材木座で「一列目」と言えば、住宅と店舗が混在している。そこから西へ進んで、由比ヶ浜まで行くとマンション地帯に変わり、稲村ヶ崎まで来ると今度は一軒家の住宅地に。さらに西の七里ヶ浜は店舗が集まる。

なぜそんなことになっているかというと、たとえば由比ヶ浜の海岸は比較的建築規制が緩い。ホテルも建てられるし、飲食店もできる。けれども土地が売りに出たときに一番高い値をつけられるのがマンションだった。時代が変わって今、一番低コストで海を見られるのは、由比ヶ浜のマンションである。一方、稲村ヶ崎はエリア一帯が借地権の建物で、借地権者が山の景観を守るという強い意思を持っていたため、住宅地以外は禁止されている。そのため海沿いは一軒家ばかりだ。七里ヶ浜も同じく借地権の建物だが、ここは地権者が商業を許容しているため、商業施設ができている。

というわけで、湘南「一列目」物件は、エリアによっても、その個性が大きく異なる。

鎌倉の事例 1

山と道

やまとみち

ハイキングギア・メーカー　夏目 彰さん・由美子さん

ウルトラライトというハイキングの思想に基づいて
世界最軽量クラスの山道具をつくる鎌倉のガレージメーカー「山と道」。
なぜ鎌倉という場所に拠点を構えるのか。アトリエで話を聞いた。

鎌倉に越してきたのは2008年ですが、その2年くらい前から週末に山に登るようになりました。夜遅い時間まで仕事して、稼いだお金で家を買って、その後もローンを払い続ける……、というサイクルの中で生きていくのは嫌だなと。とりあえず東京には僕はもう暮らせないかなという気持ちが抑え難くなっていた頃でした。

山に行くようになって、たとえば神奈川県の塔ノ岳に登ってその上から見降ろすと、こっちは鎌倉、あっちに横浜があって、その向こうに東京というように、全部がつながって見えるんです。山と接すると、東京が中心であるという意識自体がなくなっていくというか、都市のひとつでしかないんだ、って吹っ切れるんです。

「山と道」を運営する夏目 彰さん、由美子さんご夫妻。ちょうどヒマラヤから戻られた直後にお邪魔した。

1 ミシンの前の壁には由美子さんが使う道具が。
2 超軽量のバックパック。生地や色を好みに応じてセミカスタムオーダーできる。
3 平屋の一軒家を改装してアトリエ兼ショールームに。

とはいえ、東京的な生き方・働き方から自分を直接的に切り離せるようになったのは、鎌倉に越してきたからです。頭ではわかっていても、東京の中にいる間はその「型」からなかなか抜けられなかったと、振り返ればそう思います。

今は18時くらいで仕事を止めてしまいます。ここはアトリエで、自宅は別に極楽寺にあるん

4 バックパックはお客さんの身体に合わせて細かくフィッティングも見ながら受注製作。 5 縫製は由美子さんが担当。

ですが、朝起きて窓のカーテンを開けると海がバーンと広がっていて、山も見える。天井まである大きな窓なんです。壁一面の窓から季節によって山の表情や波の感じが移り変わっていくのがつぶさにわかる。海の少し手前には江ノ電が走って行くのも小さく見えます。

食事も美味しい。魚とか野菜とか、こんなに違うものかと。鎌倉市農協連即売所、通称レンバイと呼ばれている駅前の市があって朝採れたばかりの地の野菜を売っているのですが、量も多いし種類も豊富で美味いんです。

ちょっと山に入りたいなと思ったら、アトリエのすぐ裏が山なので、ここでも全然ハイキングができます。本格的にすることもあれば、時間のないときは、家からアトリエまでの通勤路として山の中を歩いてきたりすることもあります。

引っ越した当初は会社員でしたが、2011年に独立してウルトラライト・ハイキング（※）の考え方にもとづく超軽量アウトドアギアのメーカー「山と道」を立ち上げました。直接のきっかけは、夫婦でアメリカ・カリフォルニア州の長距離自然歩道ジョン・ミューア・トレイルを2週間かけて歩いたことです。山道具をDIYでつくれるキットがあって、それで臨んだのですが、山道具の面白さを再確認しました。何より、その道具の優れた点も改善すべき点も、自分たちが山を歩くことで具体的に理解できるところに。また、道具が良くなればその分だけ、山を登る人にその感動を伝えられるということに。自分たちが山を登って得た経験や感動を、道具を通じてまた他の誰かに伝えるという、目的のはっきりとしたデザイン行為がいいなと思ったのです。

妻の由美子はもともと縫製の仕事をしていて

6 改装は基本友人とセルフリノベで。 7 自宅は極楽寺にあるマンション。高台なので窓からの眺めがすごい。 8 アトリエのベランダに下がったハンモック。 9 サコッシュ。これがあるとデジカメや地図などを出しやすい。

ミシンを扱うことができましたし、僕は前職が「GAS BOOK」というアート／デザインの出版社兼ショップのプロデューサーだったので、デザインやマネージメント、プレス、交渉はできた。だから夫婦それぞれの持っているものを合わせて仕事をして暮らしていけたら素敵だなあ、と思いました。

現在は2種類のバックパックと、「サコッシュ」という、ハイキングのときにすぐ取り出したい小物を入れておけるたすき掛けの袋と、スリーピングマットを中心に製造・販売しています。どれも基本的に僕らが欲しい道具、こういうものがあったら良いと思うものをつくっています。

鎌倉に来てから、成功するとか認められるとか売上がないと駄目といった価値観の中でのものづくりからも離れられた気がします。自分たちの好きなものをシンプルに追求することができている。そういうものづくりをしようと思ったら、生活コストを抑えることができ、なおかつ自分たちがいて楽しいと思う場所に暮らすのがいいんじゃないでしょうか。

※山をより自然体で楽しむことをモットーとして、本当に必要なものしか持っていかない、ウルトラライト（超軽量）なハイキングのスタイルのこと。単純にハイキングの装備が軽量であるということだけでなく、自然と自分に対してシンプルであろうとする思想も指すことが多い。

山と道　http://yamatomichi.com

鎌倉投信の社屋と鎌田社長

鎌倉の事例 2

鎌倉投信《かまくらとうしん》

資産運用会社　社長
鎌田恭幸さん

**鎌倉発の、古い民家を本拠地とした投資信託委任会社がある。
100年後も続く「いい会社」に投資するという、
常識を覆すやり方で注目を集める運用会社だ。
なぜ鎌倉で始まったのか、代表の鎌田さんに話を聞いた。**

日本にある資産運用会社の大半が東京に集中していますが、私たちの場合、会社設立にあたって創業メンバーの誰からも東京の駅近ビルで始めたいと言う者はいませんでした。なぜ鎌倉で、この古い日本家屋を社屋にしたのかと言えば、それは「自分たちの価値観を表す」ということをまず何よりも大切にしたかったからです。それ以前から金融という分野に長く携わってきた私たちですが、創業するにあたっては、短期的な利益や分配金の多さといった「儲けてナンボ」の価値観ではなく、長期的・持続的な視野に立って投資家の方たちが「いい会社」を応援するような循環をつくりだしたかった。この先100年続いて次代の価値を築いてくれる会社を育てるような投資信託を目指そうと。そしてそれをするには、やはり循環や時間というものを体現してくれている場所が良かったのです。ここは築85年ほどの日本家屋です。また鎌倉という土地は、自然や伝統文化に溢れ、一方で武家政権が初めてつくられたり、日本におけるナショナルトラスト（※）発祥の地だったりという歴史も持っています。私たちの理念を発信するにはぴったりの場所だと思いました。

また、株主や経営者など特定の人だけでなく、社員とその家族、地域の人、自然・環境・文化等を大切にする人など、さまざまな人が訪れることのできる開かれた場所にしたいとも思っていましたし、事実そうなっています。お客さん

1 家屋のすぐ裏手の山も同社の敷地だ。2 社員が裏の畑で野菜を栽培している。3 鎌倉投信の応接室。鳥の鳴き声が室内に響く。4 投資信託の運営を行うオフィスルームはセキュリティーを徹底。

には靴を脱いで畳にあがっていただいて、卓を囲んで話をします。また社員は、仕事のかたわら庭にある畑で野菜を栽培していて、収穫するといろんな人を招いてバーベキューをしながら一緒に時を過ごします。

そんな私たちが扱っているのは「結い2101（ゆいにいいちぜろいち）」という、公募型の投資信託です。多額の資金を持っている人でなくても、鎌倉投信の視点で選別した会社に対して応援したいと思った方なら、1万円から投資受益権を購入することができます。また銀行や証券会社を介さない直接販売なので、誰がどこに投資しているかがわからないという顔の見えない関係ではなく、安心感や参加しているという実感を持つことができます。短期間に高い収益を期待されている方には合いませんが、逆にゆっくりとではあるが安定した資産形成につながり、また社会的な利益にも貢献するという考えに賛同する方には向いていると思います。

おかげさまで「結い2101」は順調に伸び、サービスを開始した2010年から4年4ヶ月を迎える現在（2014年7月末時点）、投資先企業数は48社、受益者数はおよそ8000名です。また大手格付会社によるファンド評価でも2年連続で表彰をいただきました。

私たちがこの投資信託会社を通じて訴えかけたい合言葉は常に変わりません。「100年続くいい会社を増やしましょう！」。

※自然などを無理な開発による環境破壊から守るために市民運動によって土地を買い上げる、あるいは自治体に買い取りを求めていく活動のこと。

鎌倉投信　http://www.kamakuraim.jp

ウッドデッキに出ると、横にスーッときれいな水平線が見える家。

階段から家を見上げたところ。(この頁の写真©microstay株式会社)

COLUMN

鎌倉で「マイクロステイ」

text=安田洋平(東京R不動産／ Antenna Inc.)

以前、取材させてもらった塩飽《しわく》哲生さんの稲村ヶ崎のお宅(※)が、今、マイクロステイで貸し出されているという。

塩飽さんは稲村ヶ崎駅近くの、海に面した山の斜面に建てられた一軒家を購入して東京と鎌倉の二拠点ライフを楽しまれていたが、お子さんが生まれたばかりだったり、仕事が立て込んでいたりという理由で前ほど頻繁に鎌倉の家には来られなくなった。しかし空間を遊ばせておくのももったいないと、有効活用のために「マイクロステイ」に登録されたらしい。

マイクロステイは1週間単位の賃貸だから、借りる側は気軽に体験居住ができる。またオーナーさんにとっては、普通の賃貸に出してしまうと自分は使えなくなってしまうが、マイクロステイは予約が入っていないときは使えるというのも都合がいい。

取材した僕が言います。ここの家は、細い石段を150段上らなくてはならないけれど、家のリビングの窓からウッドデッキに出ると、船の甲板にいるような錯覚に襲われる。朝、昼、夕暮れ、夜の闇、ウッドデッキ越しに繰り広げられる時間を味わうためだけでも、ここにステイする価値は大きいと思う。

なお、マイクロステイ(http://microstay.net/)についてはp.13でも紹介しているが、いきなり移住するのはハードルが高いので、それならばと、カマコンバレーの活動もされている川村達也さんと稲村ヶ崎R不動産が始めた、鎌倉での1週間の居住体験サービス。借りた人は家族や恋人と過ごしたり、友人たちとシェアハウスにしたり、仕事の研修、合宿を行ってみたり、使い方は自由。

※塩飽さんのお宅を取材した記事は、稲村ヶ崎R不動産(www.realinamuraestate.jp)からご覧になれます。コラムタイトル「稲村ヶ崎R事情　斜面地から湘南の海原を一望出来る平屋ライフ」。

[02 金沢]

REAL LOCAL 01

面白いことが始まりそうな予感がした

小津さんは一見淡々としているが、その実、かなりファンキー。
飲食店を始めたり、クラブをつくってしまったり。
あとは美味いものに対する、恐ろしいまでのこだわりとか。

小津誠一 Seiichi Kozu

金沢R不動産　ディレクター

有限会社E.N.N.代表／株式会社嗜季代表。1966年石川県金沢市生まれ。武蔵野美術大学造形学部建築学科卒業。東京の設計事務所勤務などを経て、1998年京都にてstudio KOZ.を設立。京都と東京を拠点に建築やインテリアの設計を行う。2003年金沢にて有限会社E.N.N.を設立。廃墟ビルの再生と同時に飲食店 a.k.a.を開業し、東京、金沢の二拠点活動を開始。現在は本拠地を金沢に移して、E.N.N.にて建築・不動産事業を、嗜季にて飲食店事業を行う。

金沢R不動産
www.realkanazawaestate.jp
2007年1月 スタート

僕は金沢生まれだが、父親の仕事の都合もあって、市内だけで転々と10数回引っ越した。東京に出て建築を学んだ後、設計事務所に入ったが、その後京都に移住して独立した。

正直、金沢から遠ざかっていたけれど、転機は2003年。金沢21世紀美術館の開館を翌年に控えたときのことだ。金沢にいる知り合いのカフェオーナーから、21美に入るミュージアムカフェの企画を公募している話を聞いた。僕なりに金沢が変わり始めていることを感じつつあった。そのコンペには結局落ちてしまったが、結果的にそれが名刺代わりとなり、その後金沢の仕事が増えていくことになる。

僕は建築の設計が本業だが、まず金沢で最初にオファーされたのは、中央公園で行う夏祭りのイベントを企画する仕事だった。

(上) 金沢R不動産のメンバー。
(右) 金沢R不動産のチームは飲食店も経営する。浅野川沿いにある懐石の店「嗜季(しき)」。
(下) 犀川沿いの土手でフットサルの練習をする金沢R不動産のメンバーたち。

(前々頁の写真) 浅野川沿いにある懐石の店「嗜季(しき)」にて。金沢R不動産の小津誠一。

それをいろいろなミュージシャンをブッキングした音楽のイベントにして、結果的に3000人を集客した。

次に頼まれたのは、片町 (金沢市内における商業の中心地) の路地を入ったところにある、ほぼ廃墟と化していたビルを再生する仕事だった。本来はそのビルのハードをやり変えるのが設計事務所の仕事かもしれないが、結果的にその場所の使い方までオーナーへ提案することとなる。そこで、上階は小規模オフィスなどが入りやすい賃貸にし、1階と地下は僕ら自身で借りることにした。金沢にはいろんなカルチャーの人がイベントやパーティーなどの用途に使える横断的な夜の場所が少なかった。だから3階に僕の金沢事務所を借り、1階にオープンキッチンスタイルのレストランを、地下はバー兼イベントプレイスにした。

そしてたくさんのイベントを行ったが、その中の一つが「仮想金沢R不動産」だった。東京R不動産の馬場さんとは、以前からサッカーチームのチームメイトだった。馬場さんはじめ数組の建築家を金沢に招いて、金沢の主要施設をリノベーションするとしたら？という勝手な提案 (妄想？) イベントを開いた。そしてトークが白熱し、勢いで「金沢R不動産を立ち上げます！」と口走ってしまった。実を言うとそれが金沢R不動産が具体的に走りだすことになるきっかけである。

あれから7年。金沢R不動産の仲間も増え、また金沢での設計の仕事も増えたため、金沢が事務所の本拠地となった。また、自宅があるのも金沢。東京の事務所も残してあるが、完全にメインとサテライトの関係は逆転している。

相変わらず飲食との関わりは濃い。というか、片町のビルで営んでいたダイニングはクローズしたが、そのバージョンアップとして伝統的な茶屋街エリア・主計町《かずえまち》で金沢流くずし懐石の店「嗜季《しき》」を始めた。川を眺めながら食材にも調理にもこだわった肴《さかな》で飲むのが好きだ。

2015年の春に北陸新幹線も開通する。そうなれば東京ー金沢間は片道2時間半だから、完全移住や二拠点的な使い方は今以上にしやすくなる。そのときは美味いものでも一緒にぜひ。

REAL LOCAL 02

金沢に住んで得られること

text 小津誠一

■東京にいたときよりも、会いたい人と会える

東京にいたときに「あの人に会いたい」と思ってもなかなかきっかけがなかったのに、金沢に住むようになって、むしろ「誰某さんが来ているから紹介するよ」と知り合いになる機会に恵まれている。しかもその人たちは出張などで来ているわけなので、普段のスケジュールとは切り離されて、その日の夜の予定は意外と何もなかったりする。じゃあ飲みにこう！と、一晩にして強いつながりができることも多い。コミュニティーの規模が小さいおかげもあり、この人が紹介するなら信頼できる、と地元の口コミベースでつながりをつくりやすい。

■食のレベルは総合的に高い

伝統を前提にした料理が美味しくて、しかも金沢では、庶民も一級品を比較的普通に食べているという印象がある。それに素材がいい。米、酒はもちろん、海鮮も豊富。甘エビ、香箱《こうばこ》ガニ、それから貝類など。野菜も、根菜もの、加賀野菜など、近江町市場に行ってもらえればその充実ぶりがわかる。また食べ物だけでなく、器、お花、お茶、菓子、そういった食文化全般が総合的に面白い。

■個性的かつ元気な商店街

金沢には、完全なシャッター商店街というのが

1「嗜季」。金沢町家をリノベーション。2「乙女寿司」。3 香箱ガニ。4「嗜季」のメニューより。5 新竪町商店街で行ったイベント「しんたてコーヒー大作戦」。6 金沢21世紀美術館の託児室。(©金沢21世紀美術館) 7 横安江町商店街。8 街中に水路が多いのも金沢の特徴。

ない。中心市街地にある商店街の空き店舗へ出店する場合、家賃の一部を市が助成する制度があることも影響している。同時に、各商店街で商店主たちが主体的に行う独自のイベントも、チャレンジ精神を持った店が集まる呼び水になっている。市外・県外から移ってくる店も少なくない。

■子育て環境が充実している

金沢は待機児童がゼロ。僕は子持ちではないけれど、周りには保育所の質が高いと言う人が多い。自営業でお店をされているご夫婦なども、その点で安心できるのが心強いようだ。市の託児ルームも、金沢21世紀美術館や近江町市場など、いろんなところにあるので、たとえば買い出しのとき、たまのお休みでちょっと息抜きしたいときなど、特に自営業者の人は一時預かりをしてくれるとありがたいだろう。

また、知人の夫婦は、奥さんの実家が県外なのに、むしろ金沢で子どもを産みたいと話していて、産院の環境という点でも充実しているという声が多い。

■せせらぎの音が聞こえる街

金沢市の中心部は、浅野川、犀川《さいがわ》という二つの川に挟まれるように位置しているが、それ以外にも、街中のあちこちに用水路があり、水のせせらぎが耳に心地良い。

9

10

11

ちなみに今面白い店が増えている商店街の一つ「せせらぎ通り商店街」も商店に沿って美しい用水路が続くが、約20年前まで用水路には蓋がされていて駐車場などとして使われていた。しかし以前の市長や経済団体が中心となって市民を説得し、すべての蓋を開けて昔のような景観を取り戻した。これによって人通りが増え、店も前より集まるようになった。

■自然災害が歴史的に少ない

金沢や富山は歴史的に地震が大変少ない地域として知られている。活断層がないわけではないが、少なくとも金沢の人たちは人生における地震の経験値が大変低い。台風もほとんどこない。冬は雪が多くて大変だと思われているが、近年は生活に支障がでるような大雪は減っている印象だ。

■金沢21世紀美術館と鈴木大拙館

質の高い展覧会が行われている「金沢21世紀美術館」。現代美術ファンでなくても、街の中心部に広場と一緒にあるので、金沢市民にとってはとても身近な存在。無料開放ゾーンもあったり、また春と秋に広場で盛大に行われるフリーマーケット「アートzaマーケット」もすっかり恒例行事で賑わっている。

もう一つ、その近所にある鈴木大拙館もお勧め。訪れる時間帯や季節によって見え方や感じ方が

9 街の真ん中に大きな公園と金沢21世紀美術館がある。10 谷口吉生設計の鈴木大拙館。訪れる時間や季節によっても趣きが違う。 11 雪の金沢。12 金沢R不動産のオフィス風景。上階は設計部門。13 1997年以来、毎年行われている「eAT KANAZAWA」。14 金沢21世紀美術館を筆頭に、県外から遊びに訪れる人は多い。

違い、何度でも訪れたくなる。設計は、MoMAの新館なども手がけた金沢ゆかりの建築家・谷口吉生氏。

こういった施設が普通に身近にある贅沢が、その土地で暮らす動機にもなる。

■デジタルクリエイターが集まる「eAT KANAZAWA」

1997年以来、金沢市が18年にわたり続けている、デジタルとアートの祭典「eAT KANAZAWA」。第一線で活躍するクリエイターがズラリと顔を揃える、業界ではよく知られたイベント。また、そうしたクリエイターたちと一般の参加者が一緒に温泉につかったり、盃を交わしたりする「夜塾」もこのイベントの名物。このイベントの影響で、近年金沢に移住してくるデジタル系のクリエイターが増えた。

■新幹線が2時間半で結ぶ東京⇔金沢

これまで東京⇔金沢間の移動は、電車で約4時間、飛行機で1時間強（ただし空港と金沢市中心部は少し離れている）と、あまりスムーズとは言い難かった。しかし2015年春、北陸新幹線が長野－金沢間で開通すると、2時間半で行けるようになる。二拠点で働き暮らす人はもっと増えるのではと期待している。

REAL LOCAL 03

エリアガイド

金沢R不動産では、金沢市の郊外や、金沢市以外の石川県内物件、福井や富山の物件も対象エリアにしているが、数としては市内の街中物件が多い。

金沢の街中は、2本の川を軸に説明できる。北を走る浅野川。南を走る犀川。そして、僕らが言う金沢の「街中」は、金沢城跡を中心とした城下町のエリアを言う。

01 金沢城公園〜金沢21世紀美術館〜兼六園

街中のちょうど中心に、金沢城公園、金沢21世紀美術館、兼六園，鈴木大拙館、しいのき迎賓館、中央公園などから形成される、広場と文化施設のゾーン。休日には自然と人々が集まってくつろぐエリア。

02 片町

金沢の中心的な繁華街がこのエリア。裏手に入ると、まるで昭和映画のセットのような風情の「新天地飲食街」や「金沢中央味食街」が広がっている。まさに路地裏の醍醐味。

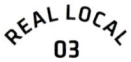

03 新竪町《しんたてまち》「新竪町商店街」

「骨董《こっとう》通り」とも呼ばれ、従来はアンティークショップが多かったが、近年、雑貨やアパレルを扱う若い経営者の店が急増中。「KiKU」「BENLLY'S & JOB」「ギャルリノワイヨ」など。

04 竪町《たてまち》「タテマチ商店街」

かつてはアパレル関連の店が多く並ぶ北陸最大のファッションストリートとして知られていたが、近年空き店舗が増加。ただ少しずつ個性的な出店も見られるようになってきている。

05 香林坊《こうりんぼう》「せせらぎ通り商店街」

109の裏道に伸びる商店街。名前のとおり、通りの横を用水路が流れ、人通りと店が増えている。大正時代の鉄工所跡の建物を利用したカフェ／パン屋「ひらみぱん」、本の虫にはたまらない古本屋「オヨヨ書林」、イギリスのヴィンテージ雑貨「Gloini」など。

06 茶屋街

金沢市にはひがし茶屋街、にし茶屋街、主計町《かずえまち》茶屋街の三つの茶屋街がある。昼は観光客で賑わうひがし茶屋街も、夜になると、金沢の旦那衆が通い、別の空気が漂う。裏通りには個性的なレストランやバーなども。主計町茶屋街は、ひがし茶屋街と浅野川を挟んで反対側の川岸にある茶屋街。

07 尾張町、橋場町

かつての金沢の中心繁華街で、重厚で歴史を感じさせる建物が残るエリア。広い間口の大型の商家の町家や洋館、レトロなビルが多く、それらを再利用したオフィスや店舗が増えてきた。

08 横安江町「横安江町商店街」

かつて賑わったアーケード商店街だったが、現在はシャッターが閉まったままの店もちらほら。しかし最近、若いオーナーの店がこの辺りでも増え始めている。「collabon」「KOGEI まつきち」など。

REAL LOCAL 04

物件特徴

築115年の町家が新しく宿として生まれ変わった。「ゲストハウス白」。

昭和10年代の町家を改装。加賀野菜などを置く八百屋「松田久直商店」。

尾張町の近代建築。飲食店を経て、現在の様子はp.36へ。

町家

金澤町家の定義は、1950年以前に建てられた木造建築物。今でも金沢の町家オーナーの中には自分の持っている建物に魅力があるなんてまったく思っていない人が少なくない。固定資産税が安いから一応壊さず持っているけれど、ただ暗くて寒くて古いだけ、と思われている。まったく異なる視点を持っている僕らからすれば、驚くべきギャップだ。だから視点を変えれば、そこには魅力的な価値があるということを使い方も含め紹介したい。ということで、金沢R不動産では、町家の建物を紹介するとともに、そのリノベーションの相談にも積極的に乗っている。

その他、歴史的建造物など

洋館、レトロビル、それから土蔵なども時々掘り出し物に出会うこともある。

木造の賃貸アパートをリノベーション、店舗＋住居の複合賃貸に。「鞍月舎」。

街の中心にありながら、長いこと空き家のまま残されていたが、飲食店として生まれ変わった。「酒屋 彌三郎」。

「松田久直商店」。改装に入るところ。

「酒屋 彌三郎」店内。

「酒屋 彌三郎」。改装中の様子。

金沢の事例 1

GEUDA

ギウーダ

代表理事 宮田人司さん

1928年に建てられた元・老舗糸卸小売商のビルがクリエイターのための学校として生まれ変わった。
近代の建築物だが、ITのインフラは最新鋭。建物の照明が遠隔で操作できたりと、パッと見わからないがいろんな実験が建物内で行われている。

近代の建築物だが、ITのインフラは最新鋭。建物の照明が遠隔で操作できたりと、パッと見わからないがいろんな実験が建物内で行われている。

90年代後半、一世を風靡したi-modeの着メロサービスを
生み出した人物としても知られる
クリエイティブディレクター、宮田人司さん。
2010年に東京から金沢へ拠点を移し、築80年を超す建物で
次世代の開発者や起業家を支援する場を運営している。

4年前に、東京から金沢に越してきました。「eAT KANAZAWA」という、金沢市が開催しているデジタルクリエイターのためのイベントが1997年から18年行われているのですが、その第1回から続けてゲストで呼ばれ、さらに毎年関わっているうちに実行委員も務めるようになりました。

そうした接点があるなかで、金沢という土地をより意識するようになったのは第一に、行政や財界の人たちが街を変革させていくことに積極的で、またスピード感もあるということ。第二に、食事が非常に美味いこと。たとえば、東京で食べたらかなりの上級クラスの寿司が、金沢ではその半値近くで食べられてしまうことに驚きました。そして三つめは、自分に子どもができたことです。子どもの頃、田舎でのびのびと暮らしていたことを思い起こして、東京以外の土地で子どもを育てたいと真剣に考えました。東京で仕事をしてきた時間が20年余り。いつも頭の片隅で東京からどこか別の土地に移り住みたいなという気持ちがありましたが、子どもができて「あと一歩のところ」を押された感じです。

もっとも、引っ越しを決めた当初は周囲の人

1「GEUDA」創設者・代表理事の宮田人司さん。2 2階には厨房施設があって、ここのメンバーはいつでも食事をすることができる。
3 365日24時間、いつでも来て作業できる。

に「クリエイティブディレクターという、あなたのような職の人が地方に移り住んだら仕事にならないのでは」と言われたりもしました。でも本当にそうなのかは、やってみないとわからないでしょう。私は「eAT KANAZAWA」などのお付き合いを通じて、金沢という場所はクリエイターが生きていくには面白い街ではないかと感じていましたし、金沢の人が話してくれた「金沢は伝統の街と言われますが、伝統というのは革新の連続のことを指すのです」という言葉が気に入っています。

引っ越してきてからは、金沢でつくった新会社を拠点に以前からの事業も行いつつ、同時に金沢市と一緒にベンチャーを支援するための仕組みづくりに力を入れてきました。そして、以前から何度も金沢に来られて付き合いのあった実業家の孫 泰蔵さんと、2014年4月に金沢市尾張町にある1928年に建てられた、国の登録有形文化財の物件を借りて、「GEUDA（ギウーダ）」という学校を一般社団法人の形で始めることにしました。

簡単に言うと、この場所は可能性を持った若い開発者・起業家が新しいアイデアをかたちにして創業できるようになるための支援をする施設です。孫さんと「その人が120％開発だけに没頭できる1年を提供する場所にしたいね」と話し、サポートの仕方を決めました。

第一に、24時間365日いつでも作業できる空間を無償提供します。それから住むための寮も。家賃は我々が全額負担します。三つめに、この建物には厨房の設備がついていたので、専属のコックを雇って、彼らの食事を毎日無料で出せるようにしました。私は一緒に食事をするというのは非常に大事なことだと思っています。そして最後に、研究費の助成として各開発者・起業家に対し月10万を支給します。贅沢

現在ここで制作・開発を行っている人々は、陶芸家やプログラマー、エンジニア、食関係の開発者などさまざまだ。

をしなければ、他に働かなくても十分研究だけに没頭することができるでしょう。

もちろん、私たちが面白いと感じたアイデアや技術の持ち主でなければ援助はできないですし、なおかつ、1年間は金沢に移り住まなければいけないわけですから、参加する側にも強い意志と覚悟が求められます。ただ、こういう思い切ったプログラムは金沢のような場所だからこそ可能なのではないかと思うのです。家賃が安く、食べ物も美味く、何よりも余計なことに煩わされず集中できる。そういう意味で金沢は非常にバランス感がいい。もちろん、私たち投資する側にもリスクはあるわけですが、本当に良い環境で才能のある人を集中させることができれば、かなりのスピードで質の高い成果を上げてもらえるのではないかと思います。

私たちの生活や社会にインパクトを与える新しいアイデアや技術というのは、言い換えれば、すでにある古いもののどこをどう置き換えたら面白くなるだろう？ということです。たとえば、ここは築90年近いレトロな建物ですが、照明には、スマホ経由で明るさや色をどこからでも自由に遠隔操作できる電球を使っています。また金沢市内にはたくさんの古い町家がありますが、ああいう家も発想次第で再編集して進化させることができるのではないでしょうか。まさに「伝統とは革新の連続」ではないですが、ITはこれからもっと既存のモノと融合を果たしていくでしょうし、古いモノを最新のテクノロジーでハックする発想というのは次のビジネスの潮流になると思っています。そういう実験を行うには、金沢は良い場所です。

GEUDA　http://geuda.jp

細い路地を入ったところにある「乗越」。白い暖簾が目印だ。

金沢の事例 2

乗越

のりごえ

ショップオーナー 乗越 萠《もえぎ》さん

「乗越」さんは、100年を超す金澤町家を使って営まれている雑貨とカフェの店。
3年前にオープンした。店主の乗越さんは、ずっと東京住まいだったけれど、
この物件と出会ったことがきっかけで、未知の土地・金沢に引っ越してきてしまった。

自分でお店をするとしたらこれ以上の出会いはきっとないに違いない。そう直感して物件を決めてしまったのです。私は東京にある雑貨とカフェの店で働いていたのですが、その会社は全国に店舗を持っていたので東京以外の土地に数カ月から数年滞在したり住んだことはありました。でも金沢は遊びにきたことがある程度で、将来自分が拠点にして暮らしていくなんて以前は考えもしませんでした。でも、この物件を金沢R不動産を通じてたまたま見つけて、来てしまった。そして「家と人は縁だ」と心を決め、会社を辞めて、移り住んできてしまいました。正直、金沢R不動産の担当さんもかなり驚いていました(笑)。

とはいえ、私なりに考えもしました。店を構えるというのは、ちょっと住んでみるというのとは違う。その地域に根を下ろし、商売させていただくということ。人や風土といった点で金沢の水に自分は合うのか。それを見極めようと思って、まず移住した最初の年は「お試し期間」として、すぐに自分の店を開くのではなく、別の店でアルバイトをしながら住んでみました。1年経って「無理だな」と感じたら、潔く引こうと決めていたのです。けれども1年後、「合っているな、頑張れそうだな」と自信を持てたので、正式に自分の店をオープンすることを決めました。

建物は移住してから2年かけてゆっくり改装しました。それはそれで私が地域の人と自然に親しくなるために必要な時間の長さだった気がします。週末ごとに壁を塗ったり床を張ったり

1 中庭。ナンジャモンジャの木が植えられている。2 キッチンにて、店主の乗越 萌さん。3「乗越」のオリジナル商品。4·5 火の用心の札など、玄関先も味わい深い。

していると、近隣の人からそれとなく気にかけてもらえるようにもなりました。知り合いも少しずつ増えました。でも、金沢の人は基本的に都会人だと思います。他県の人が移ってきても、オープンに受け入れてくれる県民性。だから私も無理している感覚がなく、自然体で馴染むことができてありがたかったです。

ここは、近所の和菓子屋さんがオーナーの町家で、築100年が経っているのですが、にもかかわらず状態がすごく良かったです。室内は、壁に砂漆喰、床にベンガラを塗り、ガラスをすべて磨りガラスから透明なものに変えましたが、建具は全部借りたときの状態そのままです。また以前に住んでいたのが庭師さんだったのですが、中庭にあった状態の良い植木はそのまま受け継がせてもらいました。

一目惚れでこの物件を契約してしまった私ですが、実は何の店にするか、まったく決めていなかった(笑)。でも真っさらな状態で場所を見て、少しずつ手を入れていきながらその表情次第で使いみちを決めていくのが好きなんです。2階の壁を塗り終えて見渡したときに感じた気持ち良さから、自然と上の階はカフェにしようと決まりました。1階では外国のスーパーマーケットで扱っているような雑貨やオリジナルグッズなどを置いています。カフェではビーフストロガノフとサンドイッチの2品のみの料理を出しています。

店の名前は「乗越」。実は私の苗字をそのまま使っているのですが、知った方でないとなかなか読めないので、店に来てくれた人に覚えてもらって、「のりごえさん」と呼んでもらえるようになったら嬉しいです。

乗越　http://norigoe.exblog.jp

せせらぎ通り商店街に面した一戸建てのショップ。夫婦で店に立っている。

金沢の事例 3

Gloini

グロイニ

ショップオーナー 森忠典靖さん・沙耶香《さやか》さん

自営業者で共働きという夫婦にとって、保育園をはじめとして、街の子育てサポートのインフラは死活問題と言えるだろう。未知の土地に移るという不安も最初はあったが、今はこの街に支えてもらっている実感が強いと言う、店主の森忠さんに話を聞いた。

神戸では8年、輸入家具・雑貨・書籍の店で働いていたのですが、独立を契機に2010年に金沢に移住しました。直接のきっかけは、息子が生まれたことです。店を営みながら子どもを育てられるかどうか不安がありました。神戸は待機児童が多く、保育園に入れるのが大変だと知人からも聞いていました。金沢にしたのは私の実家がある福井と近く、両親が子どもの世話をみてくれて助かるのではと思ったことが第一の理由です。また金沢21世紀美術館など外から人が訪れたくなる場所も多く、関西や関東の友人とも関係が切れずに済むだろうという気持ちもありました。

金沢には『そらあるき』という、市内の若い商店主たちが中心となり定期的に刊行しているミニコミがあります。その冊子をきっかけにして金沢のお店を知ったり、移り住む前からそこに載っているお店の方々と交流していました。店を開くのにお勧めのエリアについて助言してもらったりしながら、金沢R不動産のサイトを見て、物件を回りました。そして出会ったのが今私たちのいる、せせらぎ通り商店街（金沢の商業中心地・片町のすぐ近くにある商店街）にある古い2階建ての戸建でした。

最初に見たときは、建物の2階は光も入らず、昼間でも暗い印象でしたが、もともとは窓がある造りで塞がれていただけなので、改装したら見違えるように明るくなりました。また天井を抜くことでむき出しになった梁が独特の味わいを醸し出しました。

もう一つ良かったのは、家賃補助があったことです。金沢市には助成対象となっている商店街内の空き店舗に出店し、かつ商店街の組合に入れば、市から補助金が2年間受けられます。

以前は光も射さない暗い感じの一軒家だったというが、改装によって雰囲気が一変。小物は主に1階で、2階は家具を置くほか、ギャラリーとしても活用。「グロイニ」とはアイルランド語で「眼鏡」の意味。

金沢へ引っ越してくる前は、いい立地で店を出そうと思ったら、店舗面積は格段に狭くなり、それでいて家賃は跳ね上がり……というのが現実でしたが、金沢では、これだけ市の中心部に近くて、しかも安い家賃で出店できることが嬉しかったです。

また商圏や客層も、神戸にいたときより広がりました。近隣商圏の富山や福井の人だけでなく、観光で訪れる関東や関西の人、あるいは外国からのお客さんも少なくない。また神戸では、エリアごとに年代や客層が分かれていた印象が強かったけれど、金沢は、若い人からお年寄りまで店に寄ってくれます。また、金沢21世紀美術館の展示が変わると客層がガラリと変わったりするのも面白い。

店では現在、イギリスのヴィンテージ家具と主にヨーロッパから仕入れた生活雑貨やアクセサリーなどを置いていますが、ここにいると「東京にも関西にもないものを売りたい」という気持ちから、海外から直接仕入れたものやオリジナルのものを提案したくなります。

移住の直接の動機となった子育ての面でも、予想した以上に助かっています。まず金沢は待機児童がゼロということに驚きました。それから、金沢21世紀美術館や近江町市場など、市内のいろんなところに一時預かりを頼める託児所があり、病院が運営する託児所では病児保育に対応してくれます。また街の中心に金沢市民芸術村や金沢21世紀美術館などの広場があり、子どもと触れあう場所にも困りません。

この街は、自営・共働き世代である私たちにとって、働きやすい、暮らしやすい仕組みが充実しています。

Gloini http://www.gloini.net

僕が神戸に越したワケ①

10年シェアさせてもらった、東京・日本橋のオフィス。
さらば！（写真は2003年当時。撮影＝阿野太一）

なぜ東京を離れることにしたのか？

text= 安田洋平（東京R不動産／Antenna Inc.）

同じところに住みすぎた、ということだろうか。マンネリ感を覚えている自分にある日、気づいたのだった。

同じ風景を見すぎている。そういうのが一番良くない気がする。

というわけで、東京を出ることにした。R不動産のメンバーに相談したら、返ってきた返事は「あ、そう」の一言。

また他の誰かは「まあ、誰も本当に行くって、信じてませんけどね。安田さんのことだから」と捨て台詞を残して去って行った。

それを聞いて、思った。「これで行かなかったら本当に信用失うな、オレ…」。

真剣に神戸移住の計画を立て始めた。

神戸R不動産の小泉さんにすぐさま電話を入れる。「真面目に物件探してますから。来週、見に行きますね。僕、この間神戸に引っ越すって言ってましたよね？」

少し間があいて、小泉さんは言った。「あれ、本気だったんですか？」

「…。」 →p.60に続く

安田洋平　Yohei Yasuda
1971年生まれ。株式会社アンテナ代表取締役。東京R不動産 編集チーム ディレクター。書籍を中心に、東京R不動産関連の編集制作物のディレクションを担当。一方で「EAST TOKYO MAP」「神戸移住のための地図 KOBE MAP FOR NOMADS」など、地図の制作・発行も行う。43歳、再婚、二児の子持ち。

[03 大阪]

REAL LOCAL 01

渋いビルの気持ちいい使い方

1994年に小さな設計事務所としてスタートした「アートアンドクラフト」は、今年で20周年を迎える。リノベーションという言葉がまだそれほど知られていない時代から、大阪の都心に埋もれた既存の建物のリノベーションを手がけてきた。今じゃすっかり古株扱いされているが（笑）、同じリノベーションでも「アートアンドクラフトらしさってどこかあるよね」と同業の人に言われることがある。その「らしさ」って、大らかさや気持ちよさといった、人間味の部分をいかにデザインへ落としこむかだと思っている。今の世の中、「気持ちいい」ということを軽視しすぎやないですか。

アートアンドクラフトは、2004年、中之島のダイビルという1925（大正14）年築の近代建築へ事務所を移した。その頃は、「古い建物って大丈夫？」というお客さんの声も少なくなかった。けど、僕ら自身が築80年の建物で事務所を構えていると、説得力あるでしょ。ダイビルは木製の建具がまだ現役で使われていた。屋上ではご飯を食べたり、毎日走っている人もいた。そういうことが単純に気持ちよかった。

ダイビルは2009年に解体された。その前提があったので、僕らみたいな小さな会社でも入居できたのだ。ダイビルでは、事務所ともうひとつ、喫茶店区画をリノベーションして「大阪名品喫茶　大大阪」も運営していた。

大阪は1925年の市域拡張で日本最大の都市となって「大大阪」と呼ばれた。ただ、僕らがそこで伝えたかったのは、単に過去を懐かしむのではなく、「大大阪」は現代まで連続してるんやでということ。古い建物の保存運動なんかで、ただ文化的に価値が

大阪には味のある古い建物が数多い。
またリノベーションでそれらをうまく使うことにも
大阪の人々は長けている。それもそのはず。
東京R不動産ができる前から大阪で中谷さんは
リノベーションを手がけていた。先駆者だった。

中谷ノボル Noboru Nakatani

大阪R不動産　ディレクター

株式会社アートアンドクラフト代表。1964年大阪市生まれ。一級建築士。マンションデベロッパーやハウスメーカーで建築設計・不動産開発・現場監督を経験したのち、1994年に株式会社アートアンドクラフトを設立。マンション、倉庫、ビルなどをリノベーションすることで、新しい都市居住のスタイルを提案しつづけている。まちづくりNPOの設立や、地域の古ビルを再生した宿泊施設の運営も手がける。2012年、アートアンドクラフト沖縄事務所を開設。

大阪R不動産
www.realosakaestate.jp
2011年12月スタート

（前々頁の写真）1960年代のビルをリノベーションした宿「HOSTEL 64 Osaka」にて。大阪R不動産のメンバーたち。

（上）大阪R不動産を運営するアートアンドクラフトのオフィス。
（下）水辺と近代建築が組み合わさった、大阪ならではの風景。

あるって言われても、実は、僕にはあんまりピンとこない。その建物を気持ちよく使えてこそやし、今の新しいビルよりほんまにかっこいいから、古い建物を活用したいと思う。

実際、大阪には東京以上に古い建物が残っている。大大阪時代に建てられた近代建築も。戦後の高度経済成長期に建てられた渋いビルも。その後の開発が東京に比べると進んでいないこともあって、多くが壊されずに今も使われている。R不動産の活動に合流をして、予想以上に多かったのが、そうした古いストックへの事務所需要。大阪市の人口は長らく減り続けていたけど、2000年になって38年ぶりに逆転、また増えている。それは、市内の古いストックを活用した働き方や暮らし方に変わってきたこともひとつの理由だろう。新築に比べると、やっぱり賃料的にまだまだ安い。

僕は一昨年から沖縄にひとりで移り住んで、アートアンドクラフト沖縄事務所をつくった。大阪のスタッフとはビデオ会議やメールなどを使ってコミュニケーションをとりながら仕事をしている。そういう働き方も可能になってきた時代だと思うが、「まずは、率先して自分でやってみる」が僕のやり方。リノベーションのときもそうだったように。

REAL LOCAL 02

大阪R不動産で紹介したことのあるビル

text= 岡崎 麗（アートアンドクラフト）

大阪の中心部には、先代から引き継がれ守られてきた近代建築や、1950～70年代に建てられた戦後高度経済成長期のビルなどが、今も新しいビルに混じり、壊されずに残っている。そしてそれらのビルが醸し出す風合いは、新築には決して出すことのできないものである。たとえば近代建築や戦後ビルの渋いテイストと、現代的なリノベーションを組み合わせたら。考えるだけでも楽しい。大阪R不動産では、そういう想いを巡らしながら、渋く歳を重ねた建物たちを紹介している。また、リノベーションして楽しむ際のお手伝いは、アートアンドクラフトが行っている。

01 **メリヤス会館**
1929（昭和 4）年築

中之島の西地区の対岸で、繊維製品輸出組合の事務所として竣工。増築を重ね現在のかたちに。余計な装飾を施さない外観とは対称的に、内部は増築の結果、面白い造りに。愛着を持って長年入居している方が多い。

02 **リバーサイドビルディング**
1965（昭和 40）年築

中之島の端に建つ細長い船のようなビル。かつてここには「クラブ・リバーサイド」というサロンがあり、土佐堀川から船で直接乗りつけることができたのだという。高速道路の橋脚構造の考え方で設計された、水平連続窓が美しい水辺の渋ビル。

03 **萬成ビル**
1920（大正 9）年築

関西ゼネコン界の雄、竹中工務店によってこれぞモダンと言わんばかりのシンメトリーを極めた外観で誕生。その後 1956 年に大規模増改築がされたが、波ガラスやスチールサッシなど、ディテールに竣工当時の面影が確かに宿る、淀屋橋の男前ビル。

04 **新井ビル**
1922（大正 11）年築

堺筋に建つ大大阪世代の建物の中でもひときわ華やかな元銀行建築。1 階には元銀行の営業室だった大空間を利用して人気洋菓子店が入居している。光が差し込む階段には戦前、エレベーターが設置されていたが、戦時中の金属物資回収で供出したそう。

05 伏見ビル
1923（大正 12）年築

小ぶりで愛くるしい建物は、こう見えて元ホテル。他の近代建築に比べると一見控えめな印象だが、曲線の使い方や窓の上のモチーフに繊細なこだわりが。エントランスを入ると、左右シンメトリーに広がる階段にホテルの名残を感じる。

06 青山ビル
1921（大正 10）年築

緑で包まれた姿はまるで甲子園。この蔦はまさにその甲子園の蔦を株分けして植えられたものらしい。個人邸として建てられたので、どこか住宅スケール。ステンドグラスやねじり細工の手摺など、建築当初のディテールが多く残されている。

07 生駒ビルヂング
1930（昭和 5）年築

建物そのものが大きな振子時計の意匠になっている元時計店のビル。スクラッチタイルとテラコッタを多用したアールデコ様式のファサードには、象形文字のような装飾と怪しげな鷲の彫刻が数羽。妖艶な雰囲気を纏い強烈な個性を放つ。

08 明治屋ビル
1924（大正 13）年築

高級食料品で知られる明治屋が建てたビル。手がけたのは曾《そ》禰《ね》中條建築事務所。曾禰達蔵は辰野金吾らと明治の新時代を切り開いた建築家。今は残念ながら１階にコンビニが入っているが、その看板上にはうっすら「MEIDI-YA CO, LTD」と見える。

09 **立売堀《いたちぼり》ビルディング**
1927（昭和 2）年築

外壁に旧字体で縦書きされたビル名称、垂直列を強調する窓、過剰な装飾のなさが、他の近代建築とは違った親しみを覚える。この時代では珍しく、初めからテナントオフィスビルとして建てられた近代建築である。

10 **大阪農林会館**
1930（昭和 5）年築

クリエイターのアトリエや、洋服店にリストランテ。感度の高いテナントが集中して入居していることでビルの魅力を底上げしている、船場界隈でも人気の近代建築。元は三菱商事大阪支店として建てられた建物である。

11 **大和ビル 16 号館**
1968（昭和 43）年築

実は再生ビル。船場という場所柄、繊維関係の会社が多く、アパレルオフィスやショップが多数入居している。艶っぽい赤の P タイルの床や、階段の幾何学的デザインなど時代性を残したまま再生されている。

12 **西谷ビル本館**
1958（昭和 33）年築

南堀江にある戦後ビル。優雅な曲線を描く階段と手摺、味わい深い床のテラゾー（人造大理石）、また時代特有の繊細なグラフィックなど高度経済成長期のビルの魅力が満載の渋ビル。

大阪の事例 1

立売堀ビルディング

いたちぼりビルディング

ビルオーナー 麻殖生《まいお》光弘さん

手前側は1927年に建てられた。奥にある新館は戦災により戦後に再建された。

通常のオフィス物件で入居者が改装をするには細かな手続きと退去時の原状回復が大前提な場合がほとんど。だがこのビルは「ここを面白いと思ってくれた人だからこそなるべく自由にしてもらっている」と、オーナーさんは言う。
近代建築の自分らしい使い方を楽しもう。

大阪を代表する大通りのひとつ、四つ橋筋に面して建つ「立売堀《いたちぼり》ビルディング」は、1927年に建設された旧館、1961年に建てられた新館がひと続きになった近代建築。1階には家具屋やインポートシューズ専門店、カフェといった店舗が入り、上階には数々のクリエイティブな個人事務所が入居している。近所に住みながら、代々、ご家族で建物の管理をされているビルのオーナーが麻殖生《まいお》光弘さんだ。

「このビルが幸運だったのは、若い人らに見出されたこと。“ここ、面白いやん”って入居された方には、改装などもなるべく自由にしてもらってきたので、私らが思ってもみない建物の良さが引きだされてきました。自由にさせて大丈夫かって聞かれますけど、私がある意味で信用しているのは、このビルに目をつけるような人なら、そのあたりのことはわかっているだろうと。あとは、ここの立地環境もね、繁華街からちょっと距離があるので、そこまでアバンギャルドな改装をされる方は、まず入居されないですね」

キタ・梅田、ミナミ・心斎橋や難波と、その間をつなぐ船場《せんば》という南北の軸線が大阪のセンターラインだとすれば、立売堀ビルディングが立地するのは、そのやや西側。とはいえ、心斎橋まで歩いても15分程度なので、確かにほど

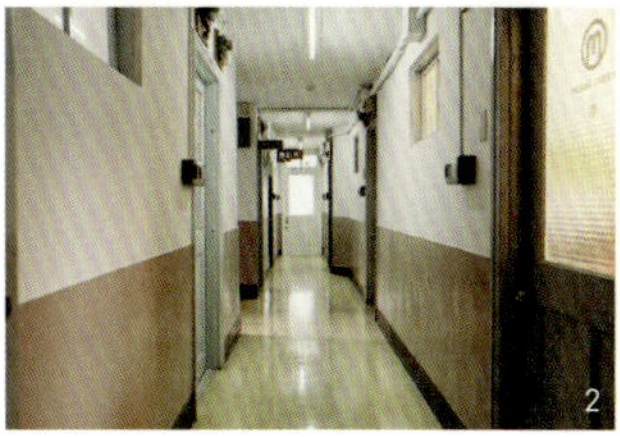

1 このビルに入居する「オオツカデザイン」の大塚憲一さん。「レトロビルが好きなんです。前の事務所もそうでした」。2 館内はとても丁寧に使われている。3 テナント案内はオーナーさんがレタリングで書いている。4･5 建築設計事務所「原田デザイン」。「1人で入居できるような、5坪程度の広さのオフィス物件を探していたのでちょうど良かったです」。

よい距離感と言える。

「ここは、たとえば、船場のようなエスタブリッシュメントが確立した街とは違って、これから頑張っていこうという人がとりあえず拠点を構えるような場所だと思っています。歴史的に見ても、このあたりが発祥だという会社や店がたくさんあるんですけど、ただ、古い街並みや建物が目に見える形で残ってるわけじゃないから、大変なんですよ。僕の哲学としては、ビルでも一軒家でも、建物のオーナーはその土地の風景に責任を持つべきやと思いますね。土地との調和を考えてほしい」

麻殖生さんの話を聞いていると、立売堀ビルディングが残るべくして残ってきた建物だということがよくわかる。その一方で、「家賃の安いことが一番ありがたい」なんていう入居者の声も。そのあたり、麻殖生さんはどう考えているのか。

「うちの親父が商売っ気なかったんですよ（笑）。実際のところ、もっと文化財的な価値を押し出せるような建物だったら違ったかもしれませんけど、そうじゃないので。特に新館の建物は、自由奔放に使えるだけ使って、建物としての一生を全うしてほしいと思っています」

これは、麻殖生さんと立売堀ビルディングというスペシャルな事例なのか。いや、麻殖生さんに教わった大阪の特性を思えば、まだまだ街にはこんなオーナーと建物が眠っているに違いないと思えてくる。

「“京10代、江戸3代、大阪1代”という話、知ってます？ その土地で生粋と呼ばれるための要件です。それだけ、大阪の街は敷居が低いということ。反面、値打ちも低いんやけど（笑）。街を発展させてくれるんやったらウェルカム、というのが大阪気質なんやと思います」

大阪の事例 2

HOSTEL 64 Osaka

ホステル ロクヨン オオサカ

フロントスタッフ **島林峰子**さん

部屋は和室、洋室、ドミトリーのタイプがある。写真は洋室のダブルベッドルーム。

大阪R不動産を主宰するアートアンドクラフトは、ホステルの運営も行っている。元工具メーカーの社屋として建てられた築50年の4階建てのビルをリノベーションしたのが4年前。現在では日本人も外国人も多く利用する宿としてすっかり定着している。

「HOSTEL 64 Osaka (ホステルロクヨンオオサカ)」の建物は1964年築、オフィスビルとして使われていた鉄筋コンクリート造4階建てのビルだ。見た目に印象の強いビルではないが、上層階には社宅として使われていた和室があったなんて話を聞けば、街場のリアルな建物の姿が見えてくる。そんなもともとのビルの雰囲気を活かしながら、さらにデザイン的なアレンジを加え、ホステルへとコンバージョン。開業したのが2010年のことだ。オープン時からフロントスタッフとして働いている島林峰子さんに話を聞いた。

「私は東京から引っ越してきて、このホステルのスタッフとして働くことになったのですが、入ったばかりのときは、古いビルの魅力というのがよくわかっていませんでした。オープン当初からここの階段の手摺の写真をポストカードにして販売していたのですが、確かにカーブの美しい手摺ですけど、とはいえ階段の写真なんて……と思っていました、正直なところ。ところが外国からのゲストで、気に入って買っていかれる方が少なくないんです。それも国籍や年齢を問わず」

チェックアウト後に建物の前で記念撮影をするのはもちろんのこと、シャワー室のタイルがキュートだと言われるなど、外国人の反応から

1 外国人にも人気、和室スーペリアルーム。2 フロント横にあるイベントボードはいつも情報でいっぱい。3 宿泊客は浴衣か作務衣が借りられる。 4 外観。5 フロントスタッフ・島林峰子さん。6 ロビーではイベントなども定期的に開催されている。同じ階にはバースペースも。

気づかされることは多かった。島林さんはまた、何度も「VIBRATION」という表現を耳にしたという。「このホステルと同じようなヴァイブの場所へ行きたいんだけど？」といった具合に、外国人ゲストの中には、この建物が醸成する空気に感応しているところがあるらしい。

「ヴァイブという表現には、建物の古さのことも含まれていますけど、それだけでもないようで。つくられすぎていない感じと言うのかな。手を加えすぎない、もともとのビルっぽさが残る空間でありながら、同時にアットホームな雰囲気もあるような。一言では言い表せないですが、この独特の世界観に惹かれているようです」

細部に目を向けると、古い建具やタイルが再利用されている一方で、最新鋭のマッサージチェアが採用されていたりして、単に「レトロ」「おしゃれ」といった形容だけではうまく言い表せない。ちなみにそのマッサージチェア、れっきとした大阪企業の製品だ。

そしてもうひとつ、HOSTEL 64 Osakaで特徴的なのは、夜、ロビーとバーラウンジを宿泊客以外にも開放していることが挙げられる。

「近所で働いていたり、お店をしている方が飲みに来られます。あとは、近くのマンションに住んでいる家族連れかな。お母さんが子どもといっしょにやって来て、テレビを見ながら、ときどき海外のゲストに話しかけて、大阪の案内をしてみたり。決して英語が話せる方ではないんですけど、楽しそうにされていますよ」

もともとのビルの個性に、アートアンドクラフトが付け加えた味わい、さらにゲストや街に暮らす人の自然なふるまい。それらが渾然一体となってHOSTEL 64 Osakaのヴァイブレーションをつくりだしているに違いない。

HOSTEL 64 Osaka　http://www.hostel64.com

高岡伸一さん（右）と
大阪R不動産の小野達哉（左）。

対談

小野達哉（大阪R不動産）× 高岡伸一（建築家　大阪市立大学特任講師）

“渋ビル”は大阪における 戦後の町家的存在かもしれない

1950～70年代、高度経済成長期に建てられた渋いビル、通称“渋ビル”を愛する「BMC（ビルマニアカフェ）」メンバーでもあり、大阪の建築に詳しい高岡伸一さんと共に、大阪R不動産のスタッフ・小野達哉がそのポテンシャルについて語りあった。

小野　東京、神奈川に次ぐ大都市にもかかわらず、戦前の近代建築、戦後の渋いビルが都心にたくさん残っているのが大阪の特徴だと言えますよね。

高岡　そうですね。近代建築に顕著ですけど、大阪の建物はオーナーの個性が強い。船場の旦那衆などは建築に対する関心も高く、こう建てたいという意志があって、その個性が建物にも現れています。

小野　大阪R不動産での経験からしても、自分の所有するビルの成り立ちや愛着を喜んで話してくれるオーナーにはよく出会います。しかも、そのビルに住んでいるというオーナーも少なくない。

高岡　戦後の話に絞ると、大阪のひとつのピークが大阪万博（1970年）にあって、その時代の雰囲気を残したビルって、海外の人から見ればすごく日本らしさを感じるんじゃないかと。京都や奈良とはまた違う意味で。そういうビルが大阪にはとても多いのだから、大阪の観光資源としてもっと推せばいいのにとも思います。大阪R不動産のお客さんは、そういう高度成長期のビルへの反応ってどうなんですか？

小野　もちろん、渋いビルの雰囲気にも好意的

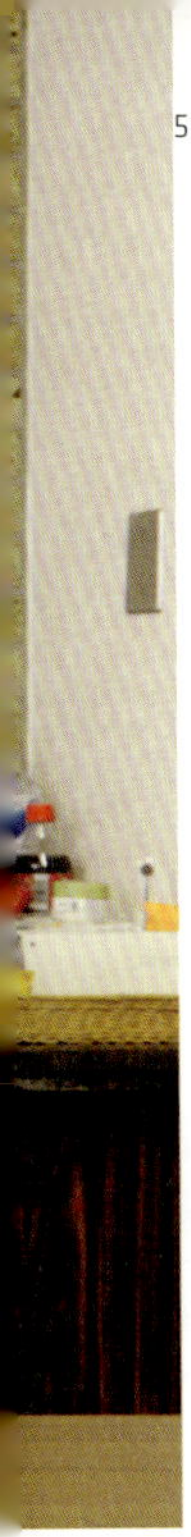

BMC（ビルマニアカフェ）著
『いいビルの写真集 WEST』
（パイインターナショナル）

1 BMCが拠点を置くビルのエントランスホール。1973年築。2 超高層ビルが次々と建設される中で残る5階建ての「リバーサイドビルディング」。1965年築。
（上記2点とも『いいビルの写真集 WEST』に収録された写真より。撮影＝西岡 潔）

髙岡伸一（たかおか しんいち）1970年大阪生まれ。髙岡伸一建築設計事務所主宰。大阪市立大学都市研究プラザ特任講師。「1950～70年代のビルがかっこいい!」という思いを同じくする大阪在住の5人が集まった活動体「ビルマニアカフェ」のメンバー。著書に『大大阪モダン建築』（青幻舎）など。

小野達哉（おの たつや）アートアンドクラフト・営業スタッフ。1983年鳥取県生まれ、香川県育ち。京都工芸繊維大学デザイン経営工学科卒業。今日もオモシロ不動産を探して大阪中を走り回る。

ですけど、階段の手摺や釉薬《ゆうやく》タイルといった味わいと同時に、賃貸条件や室内の改装に融通が利くといった現実的な面に反応されている方が多いですね。

髙岡　ビル建築が本来持つ魅力に惹きつけられて入居者がもっと増えるようになるといいですよね。

小野　BMCが『いいビルの写真集』で紹介している建物なんて、本当に魅力的ですよね。R不動産としては、有名無名にかかわらず僕らが良いと思ったポイントがある建物については幅広く紹介していきたいです。

髙岡　街中のビルって、僕は戦後版の町家なのではないかと思っています。たとえば、京都の町家と大阪船場の渋ビル、それぞれが建ち並ぶ景観に通ずるところがあるんじゃないか、と話すことがあります。

小野　なるほど！ 確かに町家にしても渋いビルにしても、街中にあって再編集していける醍醐味は似ている部分があるかもしれません。

髙岡　逆に言えば今がチャンスなんです。渋ビルの魅力にまだ気づいてないオーナーさんが多いから、家賃も安いし、近代建築に比べると改装など大胆にやれるところも少なくない。

小野　古くさい建物だという認識しか持っていないオーナーだと、取り壊してしまったり、変に改装されてしまうこともあるので、不動産としての渋ビルの魅力をうまく伝えていきたいですね。

髙岡　大阪の近代建築もほんの10年前までは建て替える流れだったのが、だんだんと意識が変わってきて今は大阪の財産になっている。きっと次は戦後のビルの使い方でしょう。

COLUMN

沖縄R不動産？

text= 中谷ノボル（大阪R不動産／アートアンドクラフト代表）

（上）「外人住宅」はじめ、沖縄にはいじりがいある建物がいっぱいだ。

（左）何気ない沖縄のアパートも本土にはない魅力を発している。

大阪R不動産を運営しているアートアンドクラフト。しかしその代表・中谷ノボルはなぜか大阪にはおらず、今は沖縄に暮らしている!?

いつかは海に沈む夕陽を見て暮らしたい。

そう思い始めたのはもうずいぶん昔。学生のときからリュック背負っていろんな国でビーチを巡ってました。強烈だったのは、インド最南端の街、カニャークマリ。ヒンドゥー教徒なら一生に一度は行きたい巡礼地で、国中から大勢の人が集まって来るところです。インド半島の先っちょの街なんで、海から陽が昇り、海に沈む夕陽が見えるわけです。毎朝、毎夕、何千人ものインド人が海岸で沐浴し、自分もその中に混ざって過ごしました。そこで出逢った占い師、というより予言者に言われたんですよね。「おまえは夕陽を見て暮らさなければならない運命だ」って。それ信じることにしました(笑)。

でも就職して以降は、フツーに忙しくやってきたので、海辺の暮らしはリタイアしてからなんだろうなぁと、ぼやっとイメージする程度でした。ところが数年前、休暇とってマレーシアのリゾート地で過ごしてたら、せっかくの休みなのにメールやビデオ会議やら、気がつけば1日に6時間近く働いてたんです。ゲンナリですよね。「でも待てよ、あれっ!? 逆に考えると、

沖縄の事務所前には西向きの海岸。ここで夕日見てます。

インドで出逢ったこの予言者に人生を決められました。

夕陽見ながら仕事できてるやんオレ！」そのとき気づきました。昔と違って、ITが発達した今だからこそ、大阪にいなくても仕事できるわって。海に沈む夕陽と仕事は両立できるぞと。

で、どこに暮らそうかと海外の都市を含めホンキで探し始めたんです。きれいな海があって、でも自分にまだ煩悩が多いから田舎じゃなくて、リタイアするわけじゃないから現地に仕事もあって、支店ができることを会社のみんなが喜ぶ街で、家族や友達が遊びに行こうと思える土地。とか考えてたら、沖縄になりました。沖縄にリノベーションを専業にする会社はまだなかったし、観光客が今後も増えてホテルの需要も伸びそうだ。自分が暮らしたいだけでなく、ビジネスの拠点としても、沖縄に大きな可能性を感じたわけです。

早いもので沖縄に来てもう3年目になりました。日常の仕事の7割は大阪でしていた内容と同じ。管理職的な仕事をビデオ会議やメールなどネット使って、これまで通りやってます。残り3割ほどの時間で、沖縄の古い建物をリノベーションして販売するなど。いよいよ沖縄でのホテル計画も始まりました。ようやく仕事が軌道に乗り、大阪からスタッフもひとり赴任して来ました。いずれは地元の人と組んで、沖縄R不動産も開設できればいいですね。

移住ですか？ よくそう訊かれます。でも、移住という言葉には、入植など行った先の土地に定住する印象を抱きます。もともとノマディックな生き方が好きで旅を続けてきましたし、今は沖縄が気に入ってますが、一生ここって感覚ではありません。だから自分は移住じゃないのかも。Amazon ／ Skype ／ LCC。これらのサービスが生まれたからこそ、沖縄で何不自由なく過ごせています。いざ、大都会の刺激が欲しくなれば飛行機で飛べばいいですし。関西人にとって、今や沖縄は新幹線で行く東京より安くて近いんですよ。なんせ飛行機のチケット代が数千円ですから。

今後は、会社のスタッフが大阪—沖縄間を互いに行き来するようになればいいなと考えています。1週間ほどパソコン持参で沖縄に滞在し、早朝に海で泳いでから働き、仕事終わりにはオリオン飲んでダラーっと過ごすみたいな。世間ではオンとオフがはっきり分かれたライフスタイルが流行りですが、複数の土地を拠点に仕事も遊びも一緒くたという生き方。そんな選択肢もあっていいと思うのです。昔なら成立させるのは難しかったけど、現代なら可能です。もっと広まらないかな。まずは自分たちがそれを体現し、キャッチーなネーミングを付けることが必要ですよね。何かいい名前ないですか!?

僕が神戸に越したワケ②

2013年3月に発行した「神戸移住のための地図」。まだありますよ〜。

なぜ神戸だったのか？

text= 安田洋平（東京R不動産／Antenna Inc.）

僕は、「神戸移住のための地図　KOBE MAP FOR NOMADS」という、移住者のための情報マップを神戸R不動産の小泉さんから依頼されてつくったことがあった。だから神戸は、他の土地よりはどんなところかイメージができていた。すでに知り合いもいた。

しかし何より、家族が移住に乗り気で、しかも神戸を気に入っていた。地図をつくっていた頃、神戸に1週間滞在させてもらえるチャンスがあって、そのとき妻子も一緒に連れていったことがあったのだ。結果的にあれは居住シミュレーションだったと思う。移住というのは、自分もそうだけど、それ以上に妻や子どもがいいと思うかが大きい。もしかすると東京を離れたいと思っていたのは、僕以上に妻の方だったのかもしれない。上の子が間もなく4歳なので、神戸は幼稚園や小学校が良さそうという評判も後押しになった。

とはいえ、自宅家賃↓＋事務所家賃↓＋交通費↑（月2回の東京―神戸間の往復）のコストは、試算してみたら東京に住んで働いていたときよりもちょっとだけ高くなってしまった。まっ、いいか。　→p.78に続く

[04 神戸]

REAL LOCAL 01

家族やコミュニティーとの関わりを大事にして暮らす

**おそらくR不動産メンバーの中でもいろんな土地に住んだことがあるという点では1、2を争うのが神戸R不動産を営む小泉さんだ。
その彼が神戸に居ついてしまった理由とは何だったのか。**

生まれは兵庫県の宝塚市だが、育ったのは大阪。大学を卒業するまではほぼ同じ場所に住んでいたが、実は22歳で卒業してから今住んでいる神戸に33歳で移ってくるまでに、数えてみると25回もの引っ越しをしていたことに気づく。

大学を出てからはアメリカの大学院に進み、その後は東京で働いた。しかし、しばらくして再びアメリカが恋しくなって、そちらへ戻って日本の不動産デベロッパーにアメリカの業者を紹介する仕事をしていた。ところが当時の奥さんと離婚することになり、再び日本に戻り、また東京で働いていたところ、知人に誘われて今度は大阪で働くことに。さらにその会社でホテルを立ち上げることになり、その関係で伊豆に移り住んだ。一方、私生活で今の奥さんとの出会いがあり、それまで住んだことのなかった土地を選ぼうと考え、神戸に暮らしてみることにした。

今から思えば、刺激を求めて住む場所や住み方をいろいろ試して自分に合うスタイルを探していたような気がする。計算してみ

小泉寛明　Hiroaki Koizumi
神戸R不動産　ディレクター

有限会社Lusie代表。1973年兵庫県生まれ。関西学院大学経済学部を卒業後、渡米。カリフォルニア大学アーバイン校ソーシャルエコロジー学部都市計画修士号。1999年森ビル株式会社に入社、六本木ヒルズの立ち上げ業務に従事。2002年よりアメリカ・ロサンゼルスにてフリーランスコンサルタントとして活動。2006年より静岡県伊豆市のオーベルジュ「アルカナイズ」の開発と運営を中心としたホテル会社を経営。2010年神戸にてLusie代表取締役に就任。

神戸R不動産
www.realkobeestate.jp
2011年4月スタート

ると、ほぼ半年に1回のペースで引っ越していたことになる。

しかし、神戸市三宮の坂の上にあるマンションを借りて住み始めたところ、妙に心地良かったのだ。相変わらず出張は多く、いろんなところに行っていたが、移動するにも便利だし、何より帰ってきたときにとてもホッとする。30代半ばになったという年齢的なことや新しい家族との暮らしが始まったことなど、タイミング的にもいろんなことが関係していると思うが、ビジネスライフとプライベートライフを天秤にかけたときに、後者が充実していることの喜びを神戸に暮らすようになって強く感じられるようになった。

友達と話している時間が楽しい。山と海が近くて思い立ったときにすぐ行ける。食材も普通に美味い。コミュニティーのサイズが適度。山のそばだから空気が美味い。もともと外国人が多く住んできた歴史があり人種が多様。日本の住宅とは規格が異なり外国人サイズでつくられているマンションが多く、ゆとりがあって広い、等々。結果的にこの地で僕の引っ越し病は止み、そして自分が体感した神戸の住み心地を伝える仕事ができたらと思い、「神戸R不動産」を立ち上げることにした。

アメリカの西海岸の最近の事例など見ていても、場所に縛られない働き方をする人がこれからもっと日本でも増えていくだろう。そうなれば、これまでは東京をはじめとした大都市圏にオフィスも人も極度に集中してきたが、今後は人口も分散して、地方都市で暮らす人も増えていくに違いない。そして、職場と家が近いことや、家族や地域コミュニティーとの関わりを大事にした生活ができることが、住む場所を選ぶうえでの尺度として大きくなっていくのではないだろうか。

(前々頁の写真) 神戸の街では気軽に山に登れる。山ランを楽しむ神戸R不動産の小泉寛明。

(下) 神戸・北野町の物件からの眺め。
(右) 神戸R不動産のオフィス。

REAL LOCAL 02

神戸に住ん
得られるこ

text= 小泉寛明

■美味しい空気

神戸の環境でまず特筆すべきは空気が美味しいこと。出張から戻ってきて新神戸駅に降り立った瞬間、空気を吸うと生き返る。神戸は山が近く、なおかつ北にある山から南側の街へと風が吹き抜けているので（いわゆる六甲おろし）、山でつくられたフレッシュな酸素が絶え間なく街の中に送り込まれていることになる。
また空気と共に神戸の特徴と感じるものは光。南からの太陽の光が北の山の緑に反射して街全体が明るい。神戸のマンションが北向きの部屋も比較的明るいのには、そんな理由がある。

■朝の山ラン

仕事前に裏山に登るのが気持ちいい。僕が住む神戸市中央区北野町は、家の裏手がすぐ山。起きてそのまま山へ入って走ってから、シャワーを浴びてコーヒーを飲んで始業するという一日の始まりが習慣になっている。帰り道に峠の茶屋があって、時々そこに寄り道しては中華そばや卵焼き、おでん等を朝食にするのがもうひとつの楽しみになっている。

■山と海が近く、夕方からビーチに行くことも

山と海に挟まれてベルトのように存在する市街地部分はわずか2kmほどの幅しかなく、いかに神戸が山と海に近接しているかがわかる。し

1 神戸の街並みを対岸から眺める。2 居住地のすぐ後ろに山。3 住宅地からでもすぐ山に入って走れる。4 須磨のビーチ。5 家族ぐるみの付き合いが自然に多い。6 ベランダからこのように緑が見える物件も少なくない。

かも鉄道の線路が市街地の真ん中を貫くように走っているので、駅から山にも海にもだいたい等距離で行ける。仕事が終わってから海辺でのんびりお酒でも飲みながら過ごすというのも習慣になっている。

■ファミリーに向いた移住先

神戸R不動産を通じて遠方から移住してきた方のほとんどが小さいお子さんのいるファミリー。そして仕事もするけれど、家族との時間・過ごし方を重視したいという点で共通している。彼らの多くは外国人仕様でつくられたマンションに暮らしているが、もともと広い造りなので、SOHO的に使う人が多い。あるいは仕事場と家を分ける人でも、その間の距離が近いから、仕事の合間にご飯を食べに戻ったり、子どもの世話をちょっと見る、そんな生活スタイルが無理せず可能。

■出張に出かけやすい

神戸空港も新幹線の新神戸駅も街中から近く、出張に出かけるにも便利。たとえば僕の住む北野の自宅からは三宮駅までが徒歩で10分くらいで、そこからポートライナーに乗って20分弱で空港に着く。つまり飛行機が離陸する1時間前に出れば間に合う。車だと、家から20～30分で空港に行け、なおかつ神戸空港は24時間までなら駐車無料である。

7 淡路島のキャンプ場。（©FBI） 8 公立学校でも多国籍。9 神戸から1時間半の丹波篠山には、クラフトマンが集まる。
10 神戸では屋上を積極的に利用することが多い。11 移住してきた者同士の飲み会。12 坂の上の物件からの眺め。13「神戸移住のための地図」を配布中。

また新幹線の新神戸駅も僕の自宅からは歩いて10分もかからず行けてしまう。
ちなみに芦屋や西宮に住む人の場合は、伊丹空港と新幹線の新大阪駅が最寄となる。

■多国籍な日常

昔より減ったとはいえ、神戸には定住している外国人がまだまだ多い。たとえば物件の大家さんが中国人やインド人だったり、家の修繕をお願いする大工さんがユダヤ人だったり、日常的に外国人との接点が多くある。また幼稚園や小学校に子どもを通わせる親御さんは、私立やインターナショナルスクールでなくても、普通にクラスメイトの1割程度が外国人やハーフということに新鮮な感覚を覚えるかもしれない。

■神戸の外に出かける楽しみ

山、海、島…、家族で週末に出かける選択肢が多いことは楽しみのひとつ。六甲山の向こうまで、野菜や肉を買いに行く。植物園に連れて行く。有馬温泉に行く。淡路島へ、姫路へ、篠山へ、岡山へ。四国にわたり高松に。フェリーに乗って小豆島に、直島に……。淡路島はキャンプを行う場所としてもお勧め。

■坂からの眺め、屋上のコミュニティー

神戸は坂の途中に建つマンションが多く、物件の窓や屋上からは街並み全体やその向こうの海

10

12

11

13

まで望める場合が多い。日中は一定間隔でポーという汽笛の音が海から聞こえてくる。
また、もともとは外国人の習慣からきているようだが、神戸の人たちは屋上を日常的に社交の場として使う。屋上にご近所や親しい友人が食べ物や飲み物を持ち寄って話に花を咲かせたり、夏は屋上から神戸港の花火を楽しんだり。

■移住者の傾向

神戸に移住してくる人の職業を見てみると、絵本画家、イラストレーター、IT系の事業者、フォトグラファー、設計士、編集者、企業のブランディングコンサルタントなど。共通するのは自営業者であることと、手に職があること。遠隔地でも働けるスキルがある方なら、既存のクライアントとも関係を継続しながら神戸でも十分やっていけるのでは。

■移住者のためのマップ

神戸への移住を考えている人に参考にしてもらえる手軽なツールがあったら良いと思い、2013年に「神戸移住のための地図 KOBE MAP for NOMADS」をつくった。キャッチコピーは「空気、自然、スポーツ、家族などを重視して居住や仕事場を考える人のための地図」。神戸の街の構成や僕らの視点で選んだ地元のお店を載せてある。現在配布中なので興味がおありの方は神戸R不動産までお問い合わせください。

REAL LOCAL 03

エリアガイド

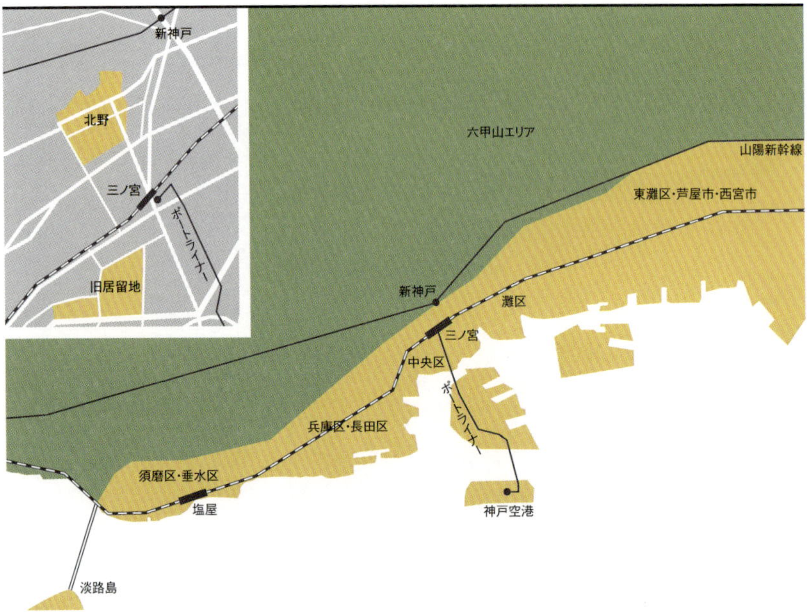

一昔前、神戸は海外企業の日本法人が多く、外国人がたくさん暮らし、また大阪の高級ベッドタウンとしても栄えた街だった。しかしバブル崩壊、阪神淡路大震災を経て、企業や人が神戸から流出。昔を知っている人からすれば、「神戸はすっかり寂れてしまった」という印象ではないだろうか。けれどもその分、家賃も昔と比べたら格安になり、新しい層が住みやすくなっているとも言える。神戸R不動産で取り扱う物件の主なエリアは以下。

01　神戸市東灘区・芦屋市・西宮市エリア

神戸と大阪の間に位置する。六甲山を背景にした美しい自然がありつつ、同時に大阪市内への通勤が便利。高級住宅街と捉えられることが多い。

02　神戸市灘区エリア

静かな住宅街。家賃は中央区や芦屋・西宮と比べて比較的抑え目である。子育て世帯も多く住む。山側に近くなると、六甲山がすぐ迫ってくるような景観や海側への眺望が得られる。海側に行けば行くほど、下町的な雰囲気が強くなる。

03　神戸市中央区／北野エリア

神戸の中心地・三宮。その北側、山に接したエリアの北野町にはもともと外国人用として建てられたマンションが多く存在する。古くはなっているが手の届きやすい家賃になっている。

04　神戸市中央区／旧居留地・栄町エリア

三宮駅の南側にある、古くは 19 世紀に外国人が居留するためにまちづくりがされたエリア「旧居留地」と、そこに隣接する栄町。天井が高く、重厚でクラシカルな風情を持った石造りの古いビルが多く残る。

05　神戸市兵庫区・長田区エリア

山の手的な雰囲気とは対照的な下町。商店街でユニークなイベントも多く行われている。倉庫やレトロなコンクリート造のビルなどちょっと変わった物件がある。

06　神戸市須磨区・垂水区エリア

三宮から西へおよそ 20 分電車で行ったところにある須磨区・垂水区は、駅のすぐ南が海。もともと神戸に住んでいた外国人のセカンドハウスや別荘が多く建てられた場所。急な傾斜地に洋館が並ぶ。

07　六甲山エリア

三宮から車でおよそ 30 分山を上ると六甲山の山頂付近に着く。山頂周辺は古くから避暑地として別荘や企業保養所が多く建てられた場所。近年、それらが手放されるケースが多く、一方で新しい住み手が増えつつある。

08　その他　淡路島、篠山など

三宮から車で 30 分ほど走れば着く淡路島は、漁港があったり農業が盛んだったり、島特有ののんびりした雰囲気が魅力。篠山は兵庫の北東、京都と接する部分にある山里だが、近年ものづくりをする人が集まりアトリエ兼ショップが増えている。

REAL LOCAL 04

物件特徴

1 北野町にある外国人マンション。2 キッチンのデザインも外国っぽい。3 旧居留地の石造りビル。4 坂の上の物件。窓からの眺め。

外国人マンション

古くから外国人の住居は山側に多く、それらは坂の上の、山の麓のような立地に建てられるのが主流だった。マンション物件も多く、それらは1戸あたりが大体100～200平米ぐらいの広さで、ベッドルームやバスルームが複数あるという造りだ。
しかし近年、海側にインターナショナルスクールや外資系企業が移転したことによって、多くの外国人がタワーマンションに移り住むようになった。それに伴い、山側にある古い外国人マンションの相場が大幅に下落して、昔に比べるとかなりリーズナブルな価格で借りられるようになっている。東京の家賃相場と比較すると、同程度の価格で倍ぐらいの広さのマンションに住める感覚だろう。
特徴としては、大きなキッチンが付いていたり、間取りがゆったりしていたり、デコラティブなタイルが張られていたり。稀に電気代や水道代が賃料に含まれているものがある。
また、街を一望できるような広大な屋上が付いていることも多い。古さゆえの使い勝手が気にならなければ、外国暮らしが長かった人などに、ぜひお勧めしたい。

神戸市垂水区・塩屋駅近くに建つ洋館「旧グッゲンハイム邸」から海を眺める。
この建物は現在スタジオやイベントスペースとして使用されている。

石造りビルや異人館など

海運都市として栄えた明治から昭和の時代に建てられた石造りのビルや異人館が今も残る。海側には、古くは銀行として使われていた建物がカフェや店舗になっていたり、もしくは今でも事務所やギャラリーとして賃貸されている物件もある。また観光的な価値が低い場所で、稀に洋館物件が賃貸や売買情報として出される場合もある。

神戸の事例 1

atelier suzuhatar

アトリエ スズハタール

絵本画家 スズキコージさん

取材時はちょうど美術館で大規模なスズキコージ展が行われている最中で、偶然にも作品がアトリエに少なかった。

スズキコージさんは絵本画家として知られる存在。
2年前、家族で神戸に越してこられた。
東京で暮らしていたときは描いた絵が部屋に溢れかえって、
もう場所がないくらいだったと言う。
神戸に移住してから創作活動の環境がどう変わったか、伺った。

僕はもう長年絵本画家として活動していますが、神戸は絵本関連のギャラリーなども多く、いろんなイベントに呼ばれてある程度慣れ親しんでいました。しかし移住することを具体的に意識するようになったのは2011年の震災後です。ちょうど家族を連れて神戸のイベントに行くタイミングがあったので、そのときに神戸R不動産から物件を見せてもらいました。神戸の街の感じを家族が気に入ったうえに、さらに物件が決め手で、1軒目で即決しました。

なんといっても家賃に対して得られる広さが東京のそれと比べて段違いだったというのが大きい。しかもそこの物件はもともと外国人用のマンションだったため、セントラルヒーティング付き・電気水道代込み（※）で、実質家賃は額面よりさらに数万円安いという計算になります。建物は築50年近くで傷みもあるけれど、僕らふたりとも絵描きだから、むしろピカピカのマンションなんて気を遣ってしまってとても住めない。むしろ相性がいい。なんといっても絵描きとしてはこれだけのスペースが確保できるのがありがたいこと。140平米という広さのアトリエを東京で持とうと思ったら、この3、4倍の家賃がかかるでしょう。

実際、東京にいたときも今と変わらず精力的に制作していましたが、その分もう足の踏み場

1 大きく開いた窓。山の空気と木の緑が気持ちいい。2 キッチンの棚に貼られた切り絵の作品。3 壁に描かれた「KOBE BiZARRE」（神戸奇想天外）の文字。4 制作中の様子。

もないほどすべての空間が作品で一杯で、生活空間は台所しか残っていないくらいに浸食していました。東京時代の方が今よりずっと場所が狭く、家賃がかかっていた。どこか釈然としない気持ちがありました。

　人の気質のうえでも神戸は絵描きにとって住みやすいと思います。いい意味で精神構造がクールで、ベタベタしていない。外国人が住んできた街であることも大きいと思いますが、悪い意味での土着的なしがらみは薄く、気軽に暮らせる。風通しがいい。

　もうひとつ引っ越した理由としては、震災とその後の放射能報道のことがありました。うちもひとり娘がいるので、子どもや家族のことを考えたときにこの機に出ようかなと思ったのです。こっちは深呼吸ができる嬉しさがあります。それは文字通り、空気のこともありますが、情報量とかそういうことも含めて。東京はなんだか余裕がなくて常に吐いてばかりだった気がする。神戸に来て、のびのびと自然体で、吸って、吐くということが久しぶりにできている気がします。それは子どもも感じているんじゃないか。

　もちろん東京にいたときはいたときで不夜城のような面白さがあった。でも僕らはもう違う段階に入っている。ここへ来てそう強く思います。今、姫路市の美術館で大きな個展を行っていますが、こうして地元のコミュニティーとつながり、展覧会を開いたりワークショップを行ったりする機会が増えているのもとても嬉しいです。

※外国人向けマンションでは、家賃が光熱費込みになっていることがある。

スズキコージ　http://www.zuking.com

神戸の事例 2

ideas and effects

アイディアズ・アンド・エフェクツ

ウェブ制作会社代表 柿沢 徹さん

部屋に置いてある家具はDIYのものが多い。風が気持ち良く通るリビング。

2012年に夫婦と娘の3人家族で神戸市中央区北野町に越してこられた柿沢さん。
今、東京と神戸の二拠点で仕事をしながら、
新しい土地のコミュニティーとのつながりを楽しんでいる。
初めてお会いしてから2年。改めて話を聞かせていただいた。

きっかけは東日本大震災とその後の原発事故でした。3月11日の後、すぐに動き出したのですが、結果的に実際に移住してくるまで1年かかりました。神戸は縁があったわけではありません。京都に仕事のクライアントがいたことと、土地として風通しがいいんじゃないかという、なんとなくのイメージから。でも来てみてその印象は間違っていなかったです。外国人や転勤者など、人の流動性があって、何世代も住んで初めて認められるといった閉じた土地柄とは違うと感じます。

もうひとつの場所選びのファクターは、子どもの学校でした。ちょうど娘が小学校に入るタイミングと重なって、小学校の環境を基点に調べ始めた結果でもありました。本当は田舎暮らしがしたくて、そういう場所を中心に探していたときもありましたが、子どもの学校のことを考えるといきなりは難しかった。今、移住仲間同士、口を揃えて言うのは、ここは小学校がとにかくいいということです。こうべ小学校は公立でありながら外国籍の子どもが1割いたりします。もともと私たちが移り住むことを考えた強い動機には、原発のことや食べ物のこともありましたが、震災後に人々の考え方がどこか画一化していき、違和感を覚えていたからでもあります。良くも悪くも多様な価値観が当たり前の環境にいるとホッとします。

また、賃貸物件ですが、割と自由度があった

1 近所の公園で拾った、特大サイズの松ぼっくりで部屋を彩る。2 Airbnbを利用して海外からのお客さんが泊まりに来ていた。3 かわいいキッチン。ヴィンテージマンションならでは、造りが日本的でない。4 玄関から奥まで続く廊下。

ことも良かったです。外国人がオーナーである現在のマンションは、原状回復のルールにナーバスな日本の物件とは少し感覚が違います。物件を借りるときも、「AS IS（現状渡し）」。事前のリフォームはないし、築年数が古くて傷んだ内装箇所もありますが、一方で自分たちである程度手を入れられたりする余地も大きい。外国人仕様のヴィンテージマンションは、東京でも麻布などにあるのは知っていましたが、普通の人が借りられる感覚はなかった。でも、神戸ではこの賃料で借りられるんだと、とても身近に感じています。

新しく住んだ土地ですが、コミュニティーも身近で、かつサイズ感もちょうどいいです。東京にいたときは、街のことに関わるには古くから住んでいないといけないような気がしたし、自分の街という感覚も持ちづらかった。でも神戸はいろいろな活動をしている人とつながりやすいし、自分たちも参加できる気になれる。人と人のつながり方の感覚が東京とはちょっと違う気がします。

現在は、東京の事業所を維持しつつ、自分自身は神戸と東京を行き来しながら2拠点で働いています。神戸市中央区北野町の家からは、最短なら玄関を出て3時間後には東京のクライアントのところに行ける。3時間が苦になるかと言えば、ずっと仕事をしていると、移動することが一番の気分転換になるのでむしろありがたいです。出張から戻って神戸に降り立ち、あの吹き抜ける風、おいしい空気を肌で感じると、帰ってきたなという気持ちになります。

ideas and effects　http://www.ifx.jp

日当りの良いリビングで、次の週末はどこに出かけようか考え中。

神戸の事例 3

長谷川暢宏さん《はせがわ のぶひろ さん》

Mac・iOS ソフト開発「パニック・ジャパン株式会社」代表

オレゴン州ポートランドに拠点を置き、
Mac用のソフトウェアを開発しているPanic Inc.（パニック社）。
2011年に千葉から兵庫県西宮市に移住した、
その日本法人代表・長谷川さんに話を聞いた。

アメリカ・オレゴン州のポートランドに住んだことがきっかけとなって、仕事とプライベートの組み合わせ方の意識が変わった気がします。私はもともとソフトウェアエンジニアだったのですが、2004年からはアメリカに本拠地を置くソフトウェア開発会社のパニック社で働くことになり、最初の1年間は研修で本社のあるポートランドに滞在していました。そのとき、週末や平日の夜の過ごし方が日本のそれと違っていたんです。家族同士で一緒にご飯を食べたり、夕方から映画館に出かけたり、川べりを散歩したり。こういうバランスのとり方もあるんだ、と上司や同僚から教えられたんですね。その後、帰国してからも「プライベートでも、より充実した時間が得られる場所に住みたい」と、なんとなく思うようになりました。

ですから、千葉から神戸に引っ越すことになった直接的なきっかけは東日本大震災でしたが、動きたいという欲はすでにあったんです。よく覚えているのは、地震が起きた1週間後に名古屋に仕事で出張する用事があったのですが、家族からの「この地震が起こった直後に、私たちと離れて？」という空気を感じ、いろいろな物が不足するなか、行けるところまで車で行ってみよう、と名古屋に向かったときのこと。静岡を過ぎたあたりから、人々が普通に生活をしていたのにびっくりしました。関東に住んでいると、そこで起こっていることがすべてのように思いがちだけど、「実は日本は広くて、ちょっと移動すれば、全然普通に生活を送って

1 玄関先には懐かしい竹馬が。2 別室が仕事部屋。息子が宿題をしにやってきた。3 六甲山の牧場で羊毛をもらってきて編み物。4 山をバックに建つ、白いキューブを積み重ねたような外観のマンション。5 アメリカ出張時に気に入ったポテトチップを大量に買って帰り息子とほおばる。

いる土地があるんだ」と。

そして、自分は土地も家も持っていないし、決まった場所でなければできない仕事でもないので、もっと住む場所を全国に広げて考え直してみてもいいのかなと考えるようになりました。「動けるときに動こう」。それから北海道から九州まで検討しましたが、神戸R不動産に掲載されていたコラムが自分の価値観と合って、西宮市に移ることにしました。

今では家族と次にどこに行ってみようか、仕事の合間によく考えています。沖縄へ土日の出張があったときに、金曜の夕方に妻と一緒に子どもの通う学校の近くで待ちぶせし、下校してきた息子たちを車に乗せてそのまま神戸空港へ直行、家族で沖縄に行ったり。芦屋浜でヤドカリやイソガニを捕まえたり。淡路島経由で高松に行ってうどんを食べたりもしました。関東にいたときと比べて道も混まないし、ちょっとした時間で出かけやすいんですよね。

現在はパニック社の日本法人の代表としてアメリカ本社と連絡をとりつつ仕事をしています。オンラインで済まそうと思えば済ませられるから、日本に戻ってきて子どもが生まれた直後は家事の手伝いもあったし、ほぼオンラインでやっていました。でも最近は、子どもも大きくなって余裕もできてきたので、「あえて会う」ことも意識的に組み合わせるようにしています。アメリカのメンバーも時に日本に来ますけれど、たぶん「来なきゃいけない」からではなく、「来たいから」というのが本音じゃないかと思います(笑)。これから移動は行かなければならないから行くのではなく、行った方が面白そうだから行くという、よりポジティブな行動になっていくのかなと思います。

パニック・ジャパン　http://panic.com/jp

僕が神戸に越したワケ③

今住んでいるマンションの屋上。北側はこんもり山の緑。来年はここから港の花火大会を見る！

神戸に実際暮らし始めてどうか？

text= 安田洋平（東京 R 不動産／ Antenna Inc.）

引っ越して、2カ月が経った。特に気に入ったのはまず、移動のしやすさ。今、僕は神戸R不動産のオフィスもある、神戸市中央区の北野町という場所にマンションを借りているが、そこから新幹線の駅までは歩いて行ける。しかも、ここは住宅街なので、近所に散歩に行く延長みたいな感覚で駅にブラッと行き、そのまま新幹線に飛び乗れば東京、という気楽さがいい。

飛行機を使う場合も同様で、やはり坂の下へ向かっててくてく歩いていくと三宮駅に着き、そこからポートライナーに乗って、車窓から海をボーッと眺めているとほどなく空港。あとはチェックインして着席してテイクオフ。ちょっと行ってきます、くらいの感じ。

あとは、空気。何ソレと言われるかもしれないが、神戸の空気って、常に循環してるんですよ。神戸で一番美味しいのは、空気。 →p.102に続く

[05 福岡]

「福岡R不動産を始めさせてください」。
そう言って突然プレゼンを申し込んできたのが、
当時24歳の本田さんだった。
正直最初僕らは半信半疑だった。
しかし彼はすごい行動力で物件を集めてきて、
9カ月後、本当にR不動産を立ち上げてしまった。

REAL LOCAL 01

空港→市街地→海岸がコンパクト

本田雄一 Yuichi Honda

福岡R不動産　ディレクター

株式会社DMX代表。1983年神奈川県生まれ。早稲田大学理工学部建築学科卒業。2005年株式会社リクルートコスモスに入社。用地買収から商品企画・建築・営業まで不動産デベロッパー業務の全部署を経験し、2007年株式会社DMXを設立。2011年シリコンバレー在住を経て、2012年アートインキュベーション組織FUCA LLP、建築教育プログラムDesignBuild FUKUOKAを設立。

福岡R不動産
www.realfukuokaestate.jp
2008年4月スタート

もともと生まれは横浜、大学は東京。ずっと関東にいてそれ以外の都市には住んだことがなかったが、不動産デベロッパーの会社に就職したところ、福岡の配属になった。行く前は土地に思い入れもなく半年で帰るぞと思っていた。というか、もともと僕は会社自体3年で辞めて、すぐに起業するつもりでいた。だがいつの間にか福岡が気に入ってしまっている自分がいた。会社は宣言どおり3年で辞めたが、起業した場所は東京ではなく福岡だった。

振り返れば、大学を出たばかりで福岡に降り立った22歳の僕にとっての第一印象は「意外と便利」。まだその頃はガツガツしていたので、緑が多いとか眺めが気持ちいいといった価値観はまったくなかった。でも、とにかく使い心地が良かった。福岡の中でも商業中心地と言われている天神から徒歩10分の場所に会社の寮があったが、会社が終わって飲みに行くのもすぐ。休日に原宿・表参道的な店で買い物をするのも天神で済む。徒歩もしくは自転車でだいたいのことはできてしまう。週末は車で30～40分運転して、糸島のきれいな海を満喫することができる。

また、なんと言っても空港が便利。あの使い勝手の良さは間違いなく日本一。いや、世界的に見ても抜きん出ているのではない

(上)糸島・二見ヶ浦海岸。
(下)福岡R不動産のオフィス。天神の近くで非常に便利。

(前々頁の写真)福岡中心部から車で約40分のところにある糸島のビーチにて。福岡R不動産のメンバー。(撮影協力=PALM BEACH CAFE)

だろうか。

ご飯が美味いところも気に入っている。僕はそんなにお店を探したり選んだりする方でもないのだが、にもかかわらず、外れない。適当に入った店が普通に美味しくて嬉しい。

また20代前半のときにはそう思わなかったけれど、今年31歳で、結婚して子どももできて、見えてくるこの街の長所も変わってきた。環境の面でのバランスの良さも大きいと感じている。

今もオフィスは天神で、自宅はそこから自転車で10分圏内であるが、繁華街からそれくらい離れただけで街の雰囲気が大きく変わる。窓からは普通に山が見える。また、前述のとおり、自宅やオフィスから40分もあれば、きれいな海に着く。そこで子どもと遊べる。市の中心地に大きな公園もある。やっぱり小さな子どものいる世帯としては、ここで育てた方がいいなということを痛感する。

もっとも一昨年には「3カ月間シリコンバレーに住む」ということを試したりもした。3カ月というのはビザの関係だが、でも、それくらいの期間ならアメリカにいても日本の仕事先との関係を保ちつつ通常業務は問題なくできるという手応えを得た。メールとスカイプとネットバンキングがあれば。僕がやりたいのは、そのとき興味のある場所に行って、そこでまた新たな仕事をつくることだと再確認した。

アメリカに行ってもうひとつ感じたことは、シリコンバレーにはテクノロジー系の会社が、ポートランドにはナイキなどスポーツ系企業が、シアトルにはアマゾンやスターバックスの本社が、金融関係は東海岸にあって……と、都市ごとに産業に特色があること。大企業も一つの都市だけに固まっていないし、労働者も分散している。日本に帰って、東京の一極集中には違和感があるな、もう少し散らばってもいいよな、とは改めて思ったことだ。

REAL LOCAL 02

福岡に住んで得られること

text= 本田雄一

1

2

3

4

■コンパクトシティ

天神と博多という二大駅があって、その間が地下鉄で6、7分。自転車でも10分程度で行けてしまう。

また天神と博多の間に中州があってその周りは歓楽街。飲食店が山のようにある。屋台が並ぶことで有名なのもここ。

博多は東京の丸の内的なビジネス街。天神には若い会社が多く集まっている。僕らの会社があるのも天神駅のすぐ近くで、仕事が終わるとそのまますぐ飲みに行けて夜遅くまで楽しく過ごせる。また日中、お客さんとの打合せには約束の時間の15分くらい前に出れば大丈夫ということが多く、自転車で向かえば5分前到着という余裕さ。

移動コストが少ないのも嬉しいけれど、それ以上に移動に余分な時間を消費しないで済むのは、働くうえでとても大きい価値があると思っている。

■日本一（世界一？）空港アクセスが良い

市内での打合せに出かけるには15分前に出発するが、県外出張で空港を使う場合、僕らの会社からは、ぎりぎり離陸の40分前までに出発すれば間に合うという感覚である。天神から地下鉄に乗って10分で福岡空港駅に到着（会社が博多であれば5分）。そこから搭乗カウンターまで歩いて5分なので、搭乗ゲートには出発20分前に入れる。空港の便利さは間違いなく日本一。世界的に見ても今のところ福岡空港を超えるアクセスの良さにはまだ出会ったことがない。

1 天神を中心に飲食店が数多く集まる。2 夜の屋台。3 屋上でビアパーティー。4「福岡R不動産バー」というイベントもやりました。5 飛行機が低空を飛ぶ市内。6 糸島の中でもサーフスポットとして知られる芥屋（けや）。7 サーフスポットの入り口。 8 サバの刺身に醤油や薬味を加えた「ゴマサバ」。9 鳥刺しも美味。

■街中から海や山まで1時間足らず

福岡市内から車で40分も行けば、「糸島」のきれいな海に着く。福岡市から30分ちょっとで博多湾を抜けるので、もうそこから外海なのだ。糸島は移住地としても人気で、海外からの移住者も多い。一方で、福岡は南に行けば基本的に山。海や山が近くて、休みの日にすぐ出かけられるのは快適。ちなみに、2時間くらい運転すれば熊本の阿蘇や大分の湯布院にも行け、日帰りも可能である。

■飲食店が多い＆美味い

福岡は飲食店の数がとにかく多く、しかも平均の質が高い。特別グルメじゃなくても、適当に入った店でハズレが少ないので嬉しい。また長崎・五島列島や大分・豊後水道の魚介類、宮崎や鹿児島からの豚や鳥、あるいは野菜や米も産地が多く、九州中から食材が集まってくる。美味しいものは多いが、他で食べられないものということで言えば、新鮮なサバを刺身にして、そこに醤油と胡麻、薬味などをかけた「ゴマサバ」。冷酒と一緒にぜひ！

■カルチャーも充実

福岡は、昔からライブハウスが多かったり、独特のサブカルチャーを持っていることで知られている。ミュージシャンなど、福岡出身でメジャーになった人も多い。

でも、もっと制作の拠点や人脈づくりのきっかけがあったら良いと思い、2012 年4月、僕ら自

10

11

12

身が運営するかたちでFUCA (Fukuoka Urban Community of Art) という、アーティストのためのシェアアトリエ兼イベントスペースをオープンした。シェアアトリエにはこれまで美術や音楽、演劇、ダンスなどの関係者が入居。イベントスペースはこうしたジャンルの人に加え、IT、建築、行政や企業など、より幅広い種類の人たちによって利用されている。
地元のクリエイターにとっての拠点であると同時に、東京など県外から福岡を訪れた人がイベントを行う際のスペースとしても重宝されている。

■便利さと環境のバランス
天神辺りを中心とした商業・オフィスゾーンは半径1.5キロほどの円の中に集中していて、そこから地下鉄で1～2駅分離れるだけで景色が一変する。天神から地下鉄で西へ2駅行ったところにある「大濠《おおほり》公園」もその一つ。福岡のセントラルパークと呼ばれるこの公園の中心には一周約2キロの大きな池があり、その周りを人々がジョギングしている姿は定番の風景。夏には、お濠全体を使っての盛大な花火大会も行われる。
ちなみに僕の家は天神から南へ3駅行った薬院大通という駅のそば。オフィスまでは自転車で10分かからないが、部屋の窓からはビル群ではなく、丘と緑が見え、眺望の良いところが気に入っている。

■移住者が急増
震災以降、関東圏からの移住がすごい勢いで増

10「FUCA」。シェアアトリエ＆イベントスペース。もとは空き倉庫だった。11 FUCAで開催された蚤の市。12 トークイベントの会場としても広く活用されている。13 大濠公園。14 大濠公園はジョギングスポットとしても知られる。15 移住者同士の交流会の様子。

えている。多いのはやはり身動きのとりやすいクリエイターやフリーランスの方だが、最近は会社経営者の方が移ってくるケースも少なくない。

もう一つ感じるのは、各業界で名前の知られた人が多く来ているということだ。そういう人たちが福岡で新たにイベントを立ち上げたり、カルチャーをつくり始めている。

その背景には、①東京に結構通うという前提での、空港を筆頭としたアクセシビリティーの良さ、②福岡にも仕事がある、③買い物や娯楽の点でも便利で、かつ自然も近くにあって子育て環境としても良い、などが挙げられる。

また、データで見ても、福岡の人口増加率はここ数年連続、政令指定都市の中では全国1位。また、2014年に国家戦略特区に指定されたこともあり、ITの大企業やベンチャーが移ってくるケースが目立つ。

しかしまた、移住を考えながら行動に移すことまで踏み切れない人も多いと聞くので、福岡R不動産では「トライアルステイ（お試し居住）」という企画を、行政と一緒になって継続的に行っている（詳しくはp.98）。

REAL LOCAL 03

エリアガイド

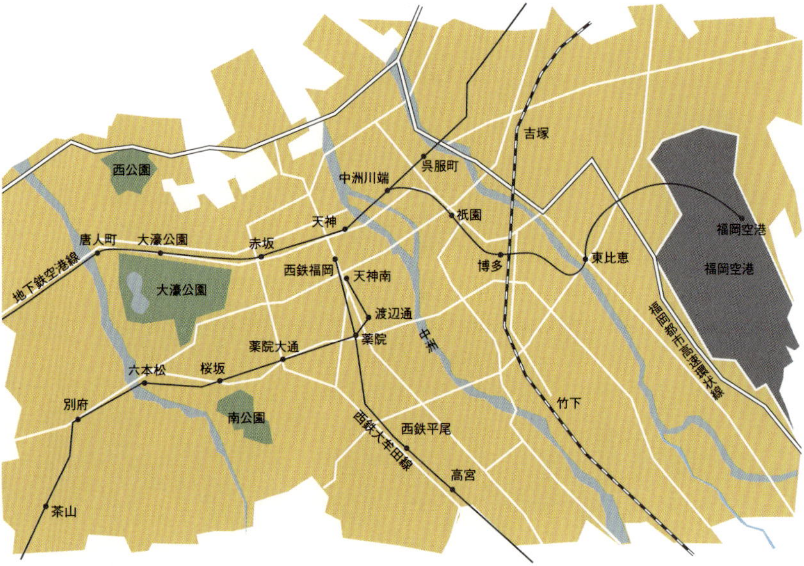

福岡R不動産ではこんなエリアの物件を取り扱っている。コンパクトシティと表現されることの多い福岡は、まず天神や博多が中心部としてあって、オフィス・商業がギュギュッと詰まっている。しかし、そこからわずか1、2駅離れるだけで、自然のある風景が出現。もう少し足を延ばすと海や山を楽しめる。ここからでも都心に十分通える。さらに行くと、糸島など、より郊外色の強いエリアになる。ただ、それでも高速に乗ってしまえば40分程度で市内に着くことが可能だ。

01　**天神〜博多エリア**

市街地の中心であり、若者や若い会社が多く集まっているのが天神。飲食店も天神中心に数多く並ぶ。博多は東京でいう丸の内的なビジネス街。駅の西側、「大名」「今泉」は渋谷・原宿的なエリア。アパレルの店などが多い。

02　**大濠《おおほり》公園エリア**

福岡のセントラルパークと呼ばれる大濠公園。この公園沿いに並ぶマンションが福岡市内では最も坪単価が高い。利便性と環境の良さの両方が揃っている。夏になれば窓から花火大会も眺められる。

03　薬院・平尾エリア

駅で言えば薬院、桜坂、平尾、高宮辺り。都心から直線距離で2キロほどなのに、まるで「ここは郊外？」と思わせるようなゆったり感。丘陵地なので眺めもいい。中心部から離れすぎず、子どもがのびのびできる。

04　今宿・生《いき》の松原エリア

福岡市の西部に位置する。海辺がすぐ近くで、なおかつ電車でたったの20分前後で都心部に到着可能。日常と非日常がほど良い距離感で手に入る。

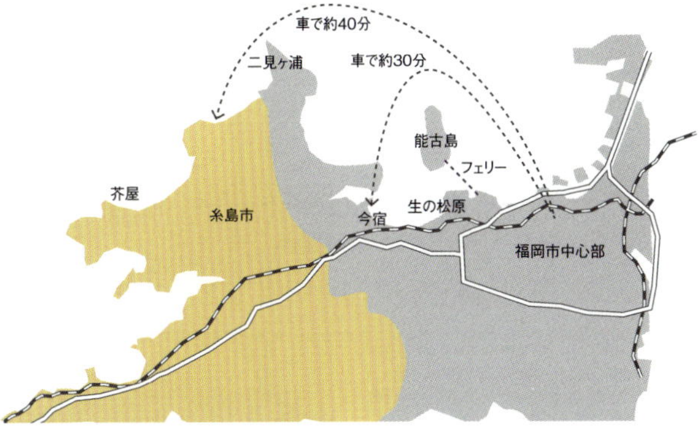

05　糸島エリア

市内から高速に乗って40分程度で着いてしまう糸島半島。福岡市内からはもちろん、首都圏や海外から移住してくる人も多い人気エリア。糸島に住むことを実現できるかどうかは、その人のワークスタイルによるところが大きい。

06　その他郊外〜筑後など

福岡市内から南へ車で30分くらい行けば完全に山の中。山の中腹などにいい感じのログハウスがあったりする。最近「トライアルステイ」を行っている筑後エリアは、福岡市中心部から車で南に1時間〜1時間半行ったところにある。山や平野などが広がる。田舎暮らし向き。

REAL LOCAL 04

物件特徴

1 小規模オフィス、ショップ、住居からなる福岡市中心部の賃貸物件。2 都心にも通いやすく、かつ海の景色を楽しめる今宿の物件。3 山の中の一軒家。4 海ビューのスゴい家。

都市はコンパクト。しかし物件の環境は多様で豊か

福岡はおおまかに言うと「リトル関東」というか、東京R不動産に載っている物件と、湘南地域を扱う稲村ヶ崎R不動産の物件と、房総R不動産の物件とがミックスされて載っているような印象。

街中には眺望のいいマンション、商店をするのに向いた木造一軒家、シェアオフィスとして改装された物件など。また、中心部から数駅離れるだけで、環境が良くて郊外感のある物件に出会える。福岡の中心地は基本平地だが、場所を選べば丘陵地になっていて眺望が開けている物件もある。また、都心の水辺ということでは、大濠公園に面した物件が出色である。

海がすぐそこだけれど、都心にも通いやすいという、日常とリゾートの中間地域的な今宿や生《いき》の松原の物件。外海の美しさとリゾート感をより満喫したいなら、糸島の物件。逆に、山の中の古民家やログハウスだと、福岡市内から南へ30分以上行ったところの物件。

大濠公園に面した物件。福岡のセントラルパーク的存在で、この周りのヴィンテージマンションは人気が高い。

というように、バラエティーに富んだ物件の中から自分のライフスタイル、ワークスタイルに合わせて選択することが可能。
なお、福岡ではないが、2時間ほどで到着できる大分の湯布院の物件などを載せたりすることも時々ある。

福岡の事例 1

Smart Design Association

スマートデザインアソシエーション

ウェブ制作会社代表　プロデューサー　**須賀大介**さん

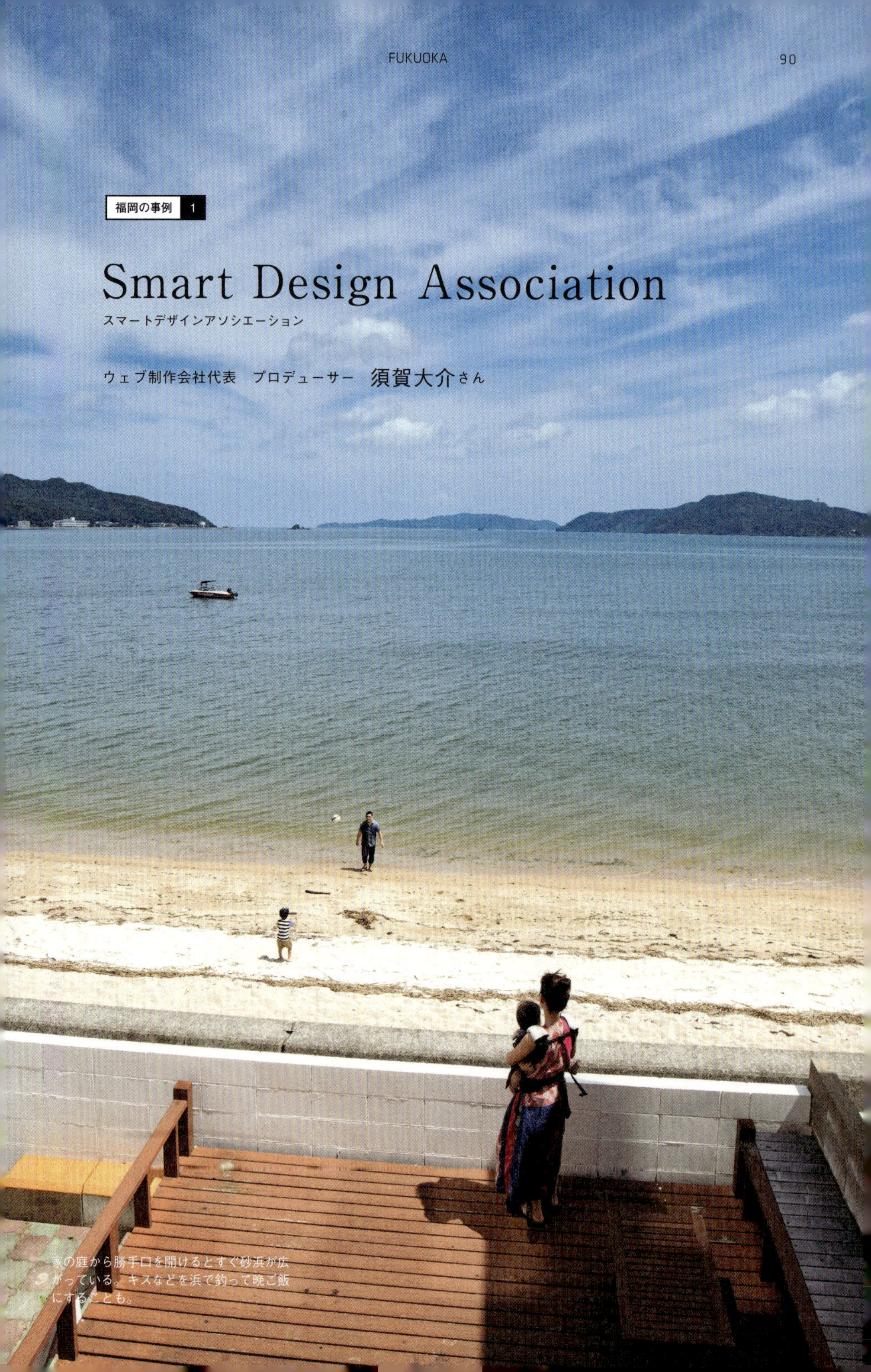

家の庭から勝手口を開けるとすぐ砂浜が広がっている。キスなどを浜で釣って晩ご飯にすることも。

2階はリビングと寝室。寝るときも、波の音を聞きながら。

移住者同士でコミュニティーをつくれたり、移住者と地元の人たちが親交を
深めることが「移住してきた後」に必要だからと、
そのためのスペースをつくった須賀大介さん。
ウェブ制作会社の代表で、東京から越してきたが、
現在は福岡から移住をテーマにした情報発信を行っている。

ウェブの制作会社を26歳でつくって今12年目になるのですが、立ち上げて7、8年で社員が30名を超えるまでに成長しました。しかし一方で自分の中での違和感も大きくなり始めていました。インターネットブラウザの画面の中だけで仕事が完結していくこと、毎日パソコンの前に座って終電まで過ごすこと。そこへ東日本大震災が起きて、その違和感はいよいよ強まりました。本当に大事なものは何かと考えたとき、以前と同じように、ただ消費を呼びかけるコマーシャルサイトをつくり続けるのは困難でした。

もっと家族を大事にしながら、地域に根ざして仕事をしていきたい。でないとこの先、50歳、60歳まで働き続けようと思ってもきっとエネルギーがもたない。そう感じて東京を離れることを意識しました。そして、福岡市内から車で30～40分のところで自然を満喫しながら自分たちの生活スタイルを表現している糸島の人々と知り合いになり感化されたのです。

ただ、会社があったので、正直移住は無理かなという気持ちが働いたのも事実。でも最終的に「行ってしまおう」と。それからいろんな社内調整をどうするか考えました。

まずスタッフに話しました。「これからの10年を考えたとき、東京だけに事業の拠点が一極

1 一階のダイニングからも海が見える。2 子どもが遊ぶのにちょうどいい庭。ここでサッカーをしたり、自転車で走り回る。3 須賀さんたちが運営するコミュニティープレイス「RISE UP KEYA」。4「RISE UP KEYA」室内。元は地元のスーパーだった場所をリノベーションした。

集中するのはどうだろうか。地震が来てクライアントが危機に陥ったら自分たちも破綻するというのではなく、これからは多拠点で、しなやかな組織運営にしていきたい」。

自分が移住するつもりであることも伝えました。全スタッフの半数が理解できないと不安を覚えて辞めていきました。でもそれはそれで良かったのかもしれません。お互いの生き方を、そこで正直に選択できたということなので。

次に、残ってくれたスタッフと一緒に新たな収益分配の仕組みをつくりました。僕はそれ以前とまったく同じように現場でのリーダーシップをとったり、社長業を100%でこなすことはできなくなるので、東京スタッフの裁量権や報酬面でのモチベーションをより高める必要があると思ったのです。具体的には会社の会計をオープンにして、スタッフが知ることができるようにしました。またうちの会社はチーム単位で動くのですが、チームで上げた利益の半分を会社に入れる代わり、残りの半分を自分たちでどうするか決めて良いことにしました。ボーナスとして分配したければそれでいい、次の事業への投資として会社にストックするのもいい。結果的に東京スタッフは自分たちの仕事は自分たちでつくるのだという意識が強くなりました。

僕の方は2012年に越してきて2 年が経ちましたが、今、糸島の中でも海がきれいな芥屋《けや》にある、倉庫のようなスペースで、「RISE UP KEYA」というコミュニティースペースの運営管理を仲間と始めました。そこは移住者たちも地元の人も気軽に寄れて交流できるカフェになればと。あるいは移住に関心がある人たち、これから越してこようという人たちを案内して、移住者の先輩や地元の人とつなげたり、その土

撮影に伺った日もちょうど、移住してきた仲間や地元の人たちと共に交流イベントを行っているところだった。

地の習慣などを知ってもらったりするための場にしていきたいです。また「糸島トライアルステイ」の対象物件にもなっているので、今後、奥の部屋では何組かの人たちが3週間ごとにお試し居住されます。

僕の役割は、この地域を外に向けて知ってもらったり、つなげるきっかけをつくることだと考えています。もともとIT系ですから「福岡移住計画」というウェブサイトやFacebookページもつくって発信を始めています。同名のイベントを東京や福岡市内で開催して、移住した人の話をじかに聞けるようにもしました。イベントはすぐに定員になってしまいましたが、やはり今、東京にそのまま住み続けるかどうかを考えている人は少なくない。それだけに、実際移住した人がそれぞれどんな生き方をしているのか、東京と福岡とどういうところが違うのか、移住をするうえでどんな点に苦労したのか、といった情報をシェアして、移住した人やこれから考えている人たちのコミュニティーをつくるサポートをしたいと思っています。僕もいろんな人に支えてもらいましたから。

家族との時間を大切にする、自然の中で暮らすという自分の原風景が動機となって選んだ移住でしたが、海がすぐそこにある今の家で、僕ら夫婦も子どももいきいきとしている。芯が強くなった感じがします。子育ても、親が何もかも与えるというよりも、自然から子どもが勝手に教わっています。

福岡移住計画　http://www.fukuoka-ijyu.jp
RISE UP KEYA　http://itoshima-lifedesign.com

福岡の事例 2

Piton ink.

ピトンインク

グラフィックデザイナー 村上智一さん

自宅の一軒家の1階部分を改装してつくった、村上さんの仕事場。

東京から2011年に移住してきて、福岡市内に自宅兼事務所に構える村上さん。
一方で、定期的に上毛町《こうげまち》という、福岡の東端の小さな町に通って
その情報発信も手伝っている。

長男が生まれたら、湘南の藤沢とか東京から少し離れたところに暮らそうという話は夫婦でしていました。けれども妻が里帰り出産で実家の熊本で生んだのが2011年の2月、その直後に東日本大震災が起こって。そのときに、家族の安全のこともあるし、もう関東にこだわらなくてもいいんじゃないかと思いました。

実は、子どもが生まれる少し前に一人で四国へお遍路に行きました。旅するように暮らしたいという思いがいつも頭のどこかにありましたし、この機に自分の行ったことのない街を選んで住もうと決めました。京都と福岡が候補に挙がりましたが、物件の情報がたくさん見つけられたのは福岡でした。逆に京都はなかなか良い物件に出会えずじまい。でも福岡は、周りの友人からも住み心地の評判も良かった。結局、3月に震災があって6月にはもうこちらに越してきていました。

でも東京と行き来がしやすいことも思った以上に大きいです。今でも3分の2以上は東京のクライアントの仕事で、言い換えれば、福岡で仕事をつくるのにはなかなか苦労をしています。結果、東京に行くことが多いので、あの空港の近さは本当に助かっています。

福岡に移住して1年後、福岡R不動産のメールマガジンで「上毛町ワーキングステイ」参加者募集のお知らせを見つけました。福岡県の東端に位置する上毛町で3週間、家賃はただで居住できて、その代わり自分のスキルで町の情報発信に協力してほしいというのがその内容。東京から福岡市内に越してきて、その上で都市圏にこだわらなくてもいいんじゃないかという気持

1 村上智一さん。2 ワーキングステイの参加者とつくった、上毛町を舞台にした短編小説の冊子『こうげ帖』。3 山登りが好きという村上さん。壁には山をモチーフにした絵が掛かる。4 福岡市内、大濠公園の近くにある一軒家。5 三歳になる息子さんと、奥さんのパトリシアさん。

ちが生まれていたので、家族を連れて参加することにしました。それで自然の音しか聞こえない環境で寝起きして。日中は、上毛町で場所を借りて仕事をしていたのですが、一日出かけて戻ってくると、玄関に大きなシイタケや唐辛子が。親しくなった隣のおばちゃんが置いていってくれるんです。だから晩飯は毎日その食材を使った献立になる。あと、柚子を大量にもらって、おばちゃんに教わりながら柚子胡椒もつくりました。

その年のワーキングステイに参加していたのは、デザイナーである僕以外に、小説家、ウェブのコーダー、編集者がいました。その後、このときの参加者同士で『こうげ帖』という冊子や、この街で起こっているさまざまなプロジェクトを紹介するウェブサイトをつくりました。ワーキングステイが終わった後も、上毛町で出会った人たちとの関係は続いています。また古民家をリノベーションしてつくったコワーキングスペースも町にでき、そこの情報発信の手伝いもしているので定期的に家族を連れて通ってもいます。妻の言うように、幼稚園のことなど子どもの教育面を考えると今すぐ田舎に住むというのはまだ難しいという気もします。しかし震災以来、デザインという仕事が持つ意味についても考え直すようになりました。上毛町に行って関わることは、僕がデザイナーとしてできることをもう一度知るための作業なのかもしれません。

Piton ink.　http://pitonink.com

梅雨明けで晴れ渡った空のもと、子どもたちは盛大に水遊び。

福岡の事例 3

西出裕加子さん

にしで ゆかこ さん

外資系ホテル マーケティングマネージャー

住環境の魅力に溢れた糸島は移住先として人気が高く、
国内のみならず海外からの移住組も多い。
2009年にイギリスから一家で糸島へ移住してきた西出さんに話を聞いた。

日本の広告代理店を退職後、イギリスのリサーチ&コンサルティング会社へ転職。そこで出会ったのが今の主人です。イギリスでの生活は仕事・プライベートともに満足のいくものでしたが、妊娠を機に日本に戻ることに決めました。国際結婚ですが、やはり子どもには日本の文化や言葉についても学んでほしいと思ったからです。

福岡にはもともと私の実家がありましたが、イギリスでの居住環境が当たり前だった夫にしてみれば「日本のマンションは狭すぎる」し、子育てものびのびできる環境で行いたかったので、郊外で物件探しを始めました。福岡にこだわらず、神奈川の鎌倉や葉山などを見たりもしましたが、都心との行き来にかかる時間や、隣の家と近かったり庭も小さかったりすることが気になって、決めるところまで行きませんでした。しかし福岡に戻ってドライブで糸島を通りがかり、すぐに気に入りました。地域が商業化されていないところや、外国人も多くて雰囲気が閉鎖的でないことも良かった。何より物件を調べてみると、家探しの条件だった広い家と庭が驚くほど安く手に入ることがわかった。さらに綺麗な海もすぐ近く。言うことがありませんでした。

私たちが移り住んだのは寺山地区という、糸島の中でも古い農村エリアで昔からの慣習も残っています。人によってはそういうのが窮屈だと感じるかもしれませんが、私たちは順応性が高いので無理なくやれています。隣

1 外も車が入ってきにくいため、子どもを遊ばせやすい。2 庭で獲れたトマト、キュウリと、移住仲間からもらったフレッシュチーズ。3 イギリス人のご主人が料理中。4 歩いてすぐ海。5 広々と遊べる中庭。6 寺山地区の街の佇まい。7 木造の納屋に置かれたミニクーパーに上る子どもたち。

のおばあちゃんからお惣菜のおすそわけをいただいたり、娘の面倒を見てもらえるのはありがたい。また、糸島はすでにいろんな都市からの移住者が多いので、価値観やライフスタイルの近い移住者同士で話したりできる機会も充実しています。

子育ての点でも、街中だといろんな危険に対して常に親が気を張っていなければいけないですが、ここはそうした心配も少ないのであまりストレスを感じません。夏になれば庭で水遊びをして、花火をして。その傍らでビールを飲みながら、子どもが自由に走り回る様子を眺める。こういう日常は素晴らしいです。難点があるとすれば、子ども同士の家が遠いので、親が車で送り迎えをしないといけないところでしょうか。子ども同士、歩いて行き来できるともっといいんですけどね。

以前はフリーランスで翻訳の仕事などを自宅で行っていましたが、現在は福岡の中心にある、外資系ホテルのマーケティングマネージャーとして勤務しています。通常、外資系と言っても地方都市だと規模が小さい場合が多いのですが、そこは1000室以上の客室を持ち、グループの中でもアジア最大の施設なので、東京にいたときと比べても遜色のない刺激的な環境で働かせてもらっています。

今は子育てが最優先事項なので日本の糸島を選択したけれど、生き方の選択肢の幅を持つことはいつも意識しているため、イギリスの永住権も更新するし、子どもも二重国籍のままです。子どもの教育も日本だけで完結させたくないので、今後海外に戻るタイミングもあるでしょう。そのときどきのライフステージに応じて、柔軟に最善の選択をしたいです。

COLUMN

「トライアルステイ」のススメ

text=本田雄一（福岡R不動産／DMX代表）

移住に興味を持っているが、その後の生活がイメージできないという不安から
二の足を踏んでいるという方。
まずは「トライアルステイ」してみませんか？

■トライアルステイとは

トライアルステイとは日本語にすると「お試し居住」。要は2泊3日の旅行などではなく、2週間なり1カ月、実際に住んで地元の人と関わってみるという体験居住である。もともとは房総で2009年に始まったが、現在は福岡で取組みが活発化している。

福岡R不動産では、福岡県と筑後地域12市町で構成する「筑後田園都市推進評議会」からの受託事業というかたちで2011年から実施している。

行政としては移住者が増えることで人口増加を促したいという側面があるだろうし、移住者としては、移住に興味はあるが決断しかねているときに、このような機会で試すことによって具体的な感触を得ることができるというメリットがある。またモニタリングという点で言えば、3週間住んでみてどうだったか、参加者に対してインタビューやアンケートを行い、データベース化して今後の施策につなげるという狙いもある。

■ちくごトライアルステイ

2011、2012、2013年と3年連続で、福岡の中心部から南に車で1時間ほど行ったところにある「筑後エリア」という山あいの地域で、地域内の空き家物件を使ってトライアルステイを行った。初年度は震災直後だったということも

1 筑後エリアの中でも田園風景の広がる「大刀洗(たちあらい)町」。(©井手 大 / 大刀洗ブランチ) 2 伝統的建造物群保存地区で白壁の町家が残る「八女(やめ)市」。3 入居日の様子。物件や地域の説明をする。4 果樹園が多い「田主丸(たぬしまる)町」。5 伝統的な街並が残る「うきは市」。6 地元の人たちと交流しながら体験居住。7 ちくごのトライアルステイで人気の高かった物件。8 体験中の過ごし方は自由。

あって申し込みが最も多く、20 組の定員に対して 100 組近くの応募という反響をいただいた。

2011、2012 年度の滞在プランは 2 週間と 3 週間の 2 種類を設けた。期間中、参加者はどれだけでも滞在することが可能だ（ただし、最低でも 5 日は滞在すること)。賃料は滞在期間全体で 500 円程度（水道光熱費別)。必要最小限の家具や家電、インターネット環境は主催者側で用意した。

トライアルステイに使う空き物件については、僕らの方から予め物件イメージを行政の担当者に伝えて探してもらう。それで候補に挙がった物件について地元の個人オーナーさんにお願いをして期間中だけ貸してもらった。

田舎で眠っている空き家は非常にたくさんある。ただ通常、不動産屋を通じて貸しに出すことには消極的というオーナーさんが多いのが実状である。貸したところで賃料収入が知れている、メンテナンスが面倒くさい、よそ者に貸したくない、などがその理由。けれども行政から相談されて、かつ地域活性化の名目ということであれば安心感もあり、地元のためという気持ちにもなれる。しかも 3 カ月限定ではあるが悪くない賃料設定で行政が借りてくれる。さらには物件内部の掃除や、要らないものの処分も行政側が行ってくれる。となれば、オーナーさんにとってもメリットがあるので協力しやすい。

また、地元に若い人たちが入ってくることには前向きなオーナーさんも少なくない。実際、トライアルステイの期間中、オーナーさんと参加者たちが一緒にバーベキューをしたり、交流

9 仕事付きトライアルステイ①木工の町・大川で家具職人に。10 仕事付きトライアルステイ②久留米絣の工房の設備を借りて制作。11 上毛町ワーキングステイ参加者のある夜の食材。12 上毛町にはコワーキングスペースも新たにつくられた。

を楽しんでいる光景が見受けられた。参加者の側からしても、そういう地元との直接的な交流があった方が、実際に住んだときに地元の付き合いがどうなのか、いいシミュレーションになる。

■仕事付きトライアルステイ

2013年は、一歩進んだ形態として、「仕事付き」のトライアルステイを実施した。移住することに興味はあっても「仕事がないのでは？」という心配の声をよく聞く。それならばと、住む場所と最低限の仕事は保証するので、それをベースに人脈や仕事を自らつくってくださいという、いわば助走期間となるようなトライアルステイだ。具体的には、「町の情報誌をつくりながら6カ月暮らす」「家具のまちの家具工場で職人の見習いとして働きながら3カ月暮らす」など、五つのプランを用意した。

トライアルステイの期間も、それまでの2〜3週間という単位ではなく、1カ月〜最大6カ月と長めに設定した。募集定員も各1組に絞った。家賃は月500円程度。滞在期間中、参加者たちは仕事付きトライアルステイの様子を定期的にブログに書いて発信することをお願いした。

■上毛町ワーキングステイ、糸島トライアルステイ

2012年には福岡県の東端に位置する上毛町《こうげまち》でも、また2014年には糸島エリアでもトライアルステイが始まった。上毛町は山間部にある小さな町で、正直、福岡に住んでいる僕たちですらこの企画に関わるまで、どこにあるのか、どんな特色があるのか知らなかった。しかし、2012年から始まった町の情報発信事業、さらにこのトライアルステイ（正確に言うと、上毛

13 仕事付きトライアルステイ③酒造り。14 上毛町ワーキングステイに参加したメンバーがつくった冊子『こうげ帖』。15 糸島移住者たちが行っているマルシェ。16 糸島のビーチの一つ、幣(にぎ)の浜。サーフィンもできる。

町は「ワーキングステイ」と言う。田舎暮らしに興味があり、なおかつデザインや編集やウェブ制作などに関わる人に、滞在しながら仕事のスキルを活かして町に貢献してもらった）が始まってからは、福岡のクリエイターの間では、上毛町の名前は徐々に知られるようになっている。

一方、糸島は、福岡で移住先として最も人気があって「糸島の物件ないですか？」と必ず聞かれる、そんな場所だ。実際、応募数の多さから、募集開始から間もなく締め切らなければいけないほどだった。今回のトライアルステイでは、2〜3週間のプランで、光熱費程度の家賃負担で糸島の海近の住宅に住むことができる。

■トライアルステイを全国に

「環境を変えたい」と移住を真剣に検討する人は増えてきているし、都会から地方へ移動する人はこれからもコンスタントに出てくるだろう。そのときにいろんな土地に“試し住み”できるようになればどんなに良いかと思う。行政側にしても、空き家物件をまちづくりの上で有効活用できるわけだし、何より一家族が移住してくれるだけでも大きな利点がある。この仕組みはいろんなところでできると思うので、ぜひ全国版トライアルステイプロジェクトのようになって、広がっていくと良いと思う。

なお、同様のお試し居住プロジェクトには、福岡のほか、鎌倉で行われている「マイクロステイ」(p.24 参照)、房総で 2014 年から始まった「ショートステイ」などがある。ご興味のある方はそれぞれ稲村ヶ崎 R 不動産、東京 R 不動産のサイトを参照してみてください。

僕が神戸に越したワケ④

神戸Rと福岡Rと金沢Rで、ただいま会議中。

仕事はどう変わった？

text= 安田洋平（東京 R 不動産／ Antenna Inc.）

仕事は意外と全然支障なくやれている。いや、「遠隔の仕事のスタイルが共有できている人とは問題なくやれている」が正しいというべきか。

神戸に引っ越してから行っている主要な仕事では、僕も相手も、インターネットのビデオ会議ツールを当たり前のように使ってミーティングをしている。特に、Googleのハングアウトというサービスは、無料で何人でも（正確には同時に10人まで）参加してできるので便利。

たとえば、東京と鎌倉と金沢と大阪と神戸と福岡と鹿児島のR不動産のメンバーと、それぞれは地元にいたままで、次に立ち上げるウェブのサービスについての会議を毎週のように行っている。しかも、打合せに出向くための移動時間がないので、打合せが始まる直前まで作業をしていられて、終わったらすぐ作業を再開できるのがありがたい。ただ、相手がこの方法に馴染みがないと、途端に成立しなくなってしまう。

→p.116に続く

[06 鹿児島]

REAL LOCAL 01

僕らは山を選んだ

一番新しくR不動産に加わったのが鹿児島だ。
僕らもサイト立ち上げの関係でそこへ通ううち、
土地の持つエネルギーにすっかり魅了されてしまった。
運営する冨ヶ原さんは朴訥として優しい目をしているが、
自分の場所の愛し方がかっこいい人。

鹿児島の不動産業界はまだまだ保守的な面が強いという印象だが、僕たちが思う不動産へのアプローチを考えたときに、しっくりきたのがR不動産だった。

鹿児島は山間部が広い分、平坦地が少なくて、そのため一般的に売り出されている宅地の価格は高い。にもかかわらず、そうした高い市街地の土地や新築物件ばかりに人気が集中して、結果的に鹿児島の人たちは年収に対して建物と土地にかける生活コストの割合がすごく大きくなっている。バランスの悪さを感じていた。

でも実は車で5～10分移動するだけで、同じ購入価格で何倍、何十倍という広さと、言いようもなく素晴らしい環境が手に入るのだ。確かにコンビニだったり交通機関だったり、現代生活で必要とされるいろんな便利なものは若干手に入りにくくなるかもしれない。でも、鹿児島には大都市はない代わり、海、山、島など鹿児島だけの魅力があって、そういうものと組み合わせれば自分だけの暮らしを楽しめる空間が手に入る。市内の中心で新築、という以外の選択もあるのだ。

というわけで、僕らは山を選んだ。鹿児島中央駅から20分の

冨ヶ原陽介 Yosuke Tomigahara
鹿児島R不動産　ディレクター

Nuff Craft株式会社代表。1970年鹿児島県生まれ。大手ハウスメーカーに勤務後、2003年株式会社粋家創房を設立。住宅・店舗の設計・施工を手がける。2007年Nuff Craft株式会社を設立。家具製造、伝統的工芸品の技法を活かしたインテリア商品の企画・開発、カフェ運営などを行う。2011年には不動産事業を開始。「衣・食・住」における鹿児島の魅力を新しいカタチで発信している。

鹿児島R不動産
www.realkagoshimaestate.jp
2013年11月スタート

ところにある山。所有面積は全部で7000坪。まずその頂に、僕たちの事務所と鹿児島のクラフトマンたちがつくったモノをセレクトして販売するショップ、それからカフェをつくった。今、畑も開墾中だ。いずれ人が泊まれる小屋なども建てたいと思っている。

これだけの広さを取得して良かったのは、「暮らし」に対する僕らの考え方をより目に見える形で伝えられるようになったこと。もともと僕の会社では住宅の設計や家具の製造を中心に行ってきたが、本当は衣食住、暮らし全体をつくっていきたいと思ってきたし、それを表現しやすくなった。また設計の仕事というのは家が完成するとお客さんとどうしても疎遠になってしまいがちだけれど、ここにショップやカフェができたことで、お付き合いがあった人たちとその後も継続的なコミュニケーションがしやすくなっている。のみならず、新しい人との出会いも増えた。

もちろん、山の中で働くことへの純粋な憧れもあった。子どもの頃は山の中で遊びながら育ち、山に対して無条件に「好き」という気持ちを抱いていたので、その中に身を置いて働くのは理想の形だった。リラックスしたいときに緑に囲まれながら桜島が見られるというのは、自分にとってこの上ない環境である。自分たちの働く環境を優先させると、どうやってそこに人を呼ぶかという課題が生じるが、幸運なことに今はメールもインターネットも携帯電話もある。仕事をするのに街でなくてはならないという時代ではないと思う。山で働くのは気持ちがいいですよ。

(上)鹿児島R不動産は山の上に、事務所とショップとカフェを構える。
(下)桜島。空気の澄んだ晴れた日に見せる山容には長年住んでいても魅了される。

(前々頁の写真)鹿児島R不動産のメンバーが営むカフェにて。窓からは桜島が。

REAL LOCAL 02

鹿児島に住んで得られること

text= 冨ヶ原陽介

1

2

3

4

■桜島

鹿児島県の地形は70%が山地。平坦地は限られ、中心に位置する桜島に向かって傾斜地が下りていく、まるでスタジアムの観客席のような形をしている。これによって多くの場所から桜島を見ることができる。

現在でも山は噴火活動を続けており、噴火しない日もあれば1日に5回以上も噴煙を上げることもある。ときに大量の灰を降らせる迷惑な存在で、外に干していた洗濯物や、洗車したての車に灰を降られたときの悔しさは言葉にしがたい。それでも空気の澄んだ晴れた日に見せる美しい山容は、長年ここに暮らす僕たちでさえ魅了されてしまう。他に代え難い癒やしや充足感を与えてくれる。

■温泉の日常化

鹿児島は全国的に知られる温泉県。温泉源泉数は大分県に次ぐ全国2位、県庁所在地では鹿児島市の源泉数は270本以上で、全国1位である。

特徴的なのは、温泉が特別なものではなく日常で気軽に利用されているということ。僕らが暮らしている鹿児島市にある銭湯はほとんどが温泉。また多くの鹿児島の人はマイカーに温泉セットを常に乗せている、というのは嘘のようなホントの話。遠方から来られたお客さんとも打合

1 カフェから桜島を眺める。2・3 街中の銭湯の大半が温泉。4 指宿名物「砂むし温泉」。5・6 霧島にある宿泊施設「天空の森」。18万坪の山の上にたった5棟のヴィラという贅沢。(©天空の森) 7 鹿児島R不動産のオフィスのすぐ横につくられたカフェ「マザルバ」。8 種子島宇宙センターから打ち上げられるロケット。市内からも見える。

せを終えたら「一緒にひとっ風呂浴びて、それから一杯どうですか？」。それが僕流の鹿児島でのもてなし方。

■壮大なスケールの物件を生涯かけて楽しむ

僕の会社では鹿児島市の中心部から車で20分の場所に7000坪の山を購入してオフィスやカフェを建てた。まだこれから残りの土地をどうしていこうか、定年になるまで長い時間をかけて少しずつ手を入れて変えていくのを楽しもうと思っている。

鹿児島は山だったり島だったり、時にとんでもなく規格外の物件が出たりする。開拓するのは大変だが、言い換えれば一生モノの趣味にできるくらいの醍醐味を持っているとも言える。

■ロケットが身近

鹿児島R不動産にはロケットの形をした「島／宇宙」というアイコンがある。主に島物件を紹介するカテゴリーであるが、鹿児島の島の一つである種子島ではロケットが定期的に打ち上げられており、その様子は市内や屋久島などの島からも見ることができる。なかには打ち上げの様子が見やすいようにオーナーさんが窓の位置を工夫した、ロケット眺望ポイントを持った家もあったりする。

9

10

■島の魅力

鹿児島を語るうえで島の話題を外すことはできない。県内には605の島があり、うち32島が有人島である。それぞれに地形や気候の違いがあり、暮らしの様子も異なる。

それぞれの島に特徴があるので、何を欲しているかによって選ぶ島も変わってくる。山の島の屋久島、海の島の種子島、総合的なバランス感の奄美大島など。仕事の自由度がある人なら、1年の半分を本拠地で、もう半分は島で、なんてスタイルも良いかもしれない。

■昭和の匂いが残る街中

2011年の九州新幹線全線開業を機に急速に鹿児島中央駅周辺の開発が進んでいる。駅前には大型ビルが建設され、5年前とはまったく違う街並みが広がっている。しかしながら面白いのは、大型ビルのすぐ隣りに昔ながらの朝市や、顔の見える商売を営む魚屋や果物屋などがたくましく営業していること。さつま揚げ店の奥の座敷でこたつに入って夕飯を食べている昭和な感じの家族の様子が、新しい大型ビルと一緒に視界に入るというのはなかなかユニーク。

だが一方で、新幹線の開業によって福岡や熊本からでも日帰りできるようになったことが影響

11

12

13

9 屋久島の自然。10 屋久島でジュエリーデザイナーと画家のカップルが営む「Shizuku Gallery」。11 鹿児島中央駅の風景。真新しいビルと、昭和な風情の店舗付き住宅が同居する。12 大鍋で黒豚やたっぷりの野菜を食べる「黒熊鍋」。13 養鶏も盛んな鹿児島。鳥刺しも美味い。

し、中心部にもテナントの空きが目立つ。もともとテナントだったものをリノベーションして住居にするのも面白いのでは。

■豊かな食材

鹿児島は農業も畜産業も漁業も盛ん。いわゆる第一次産業の人口がかなり多く食材の宝庫であることは間違いない。鉄鍋で食べる豚のしゃぶしゃぶ「黒熊鍋《くろくまなべ》」や鳥刺しなど美味しいものはたくさんある。でも鹿児島の食べ物の魅力を一言で表すとしたら食材の素の旨味だろうか。鹿児島に来られたらぜひ、地の醤油や塩で飾らない食材の旨味をご堪能下さい。

■移住の注意点

県外から鹿児島に移住を検討されるなら、やはり自然を堪能していただきたいので、街中より郊外をお勧めしたい。そのためには街中から車で20分も走れば十分。農業、漁業……、鹿児島は目的に応じてスローライフを満喫できる。
ただし仕事はあまりないということはお断りしておかなければならない。場所を選ばずどこでも仕事ができるという方なら、きっと山にせよ海にせよ島にせよ、最高に気持ちがいい状態で仕事をすることができるに違いない。

REAL LOCAL 03

エリアガイド

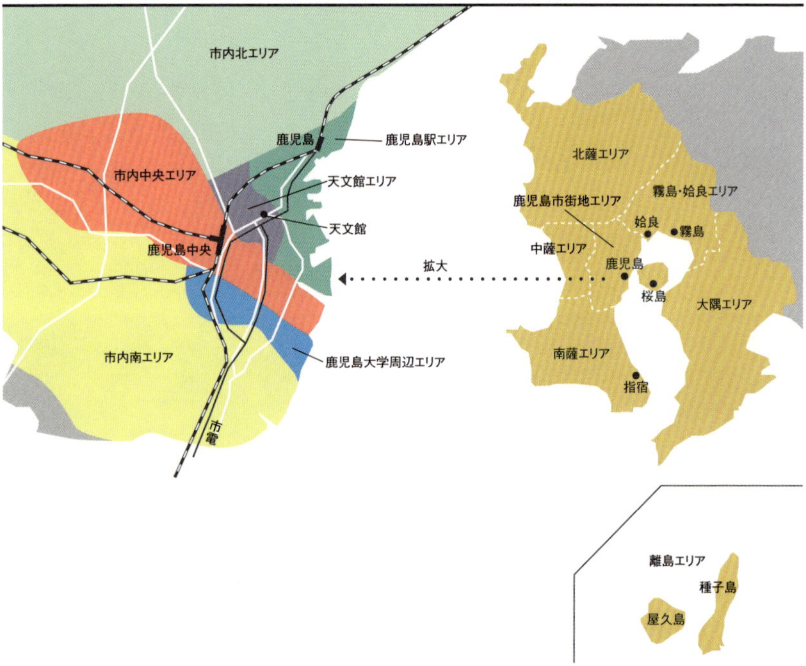

鹿児島R不動産では県内全域と離島まで、鹿児島ならではの魅力の詰まった物件を紹介。［鹿児島市街地エリア］魅力ある眺望、リノベーション向き、古く味わいのある物件。［郊外エリア］山や海や温泉を楽しむ物件、武家屋敷、スローライフ。［離島エリア］暮らし方や働き方を問う規格外の物件、など。以下は代表的な取り扱いエリア。

01　鹿児島駅エリア

鹿児島市役所周辺。かつては鹿児島の中心地だったが、現在は古い市街地の印象が強い。しかし最近、この界隈の古ビルに感度の高い店が入るケースが出始めている。

02　天文館エリア

大きなアーケードが象徴的な、昔からの鹿児島の文化の中心地。けれども今は駅ビルや郊外型店舗に押されてやや元気を失い気味。古いビルが集まり、空きも少なくない。

03　鹿児島市内中央エリア

九州新幹線の全線開通に伴い、急速に発展。だが大型ビルに混じって、昭和な感じの店舗付き住宅が今も残り、そのギャップが面白い。通りを1本入れば昔ながらの朝市なども行われている。

04　北薩エリア

鹿児島県は全体的に農業が盛んだが、「あきほなみ」等、特に米の生産地として知られる。北薩は寒冷地域なので鹿児島にありながら結構寒い。古い武家屋敷などがある。

05　南薩エリア

温暖で海も山もあって環境がとても良い。指宿《いぶすき》、知覧など移住先としてお勧めしたいエリア。北薩と並んで武家屋敷の物件もある。指宿は砂むし温泉も有名。

06　霧島・姶良《あいら》エリア

姶良は住宅地としてとても人気が出てきている。鹿児島にしては珍しく住宅地に山が少なく、武家屋敷の跡地で古い石垣などがそのまま残っているような、ユニークな魅力を持った土地も多い。霧島は山や川がきれいで温泉も有名。移住にお勧め。

07　大隈エリア

薩摩半島から錦江湾を隔てた東側に位置する大隅半島。鉄道が通っていないなど交通網に不便を感じるが、自然あり、食材あり、ロケット打ち上げも見られるなど、隠れた魅力がまだまだあるエリア。

08　離島エリア

鹿児島には600個以上の島がある。奄美大島、屋久島、種子島、徳之島……。一口に島と言っても、その特徴は島ごとに違うので、何を求めているかによって選択する島も違ってくる。

REAL LOCAL 04

物件特徴

1 桜島の、より素晴らしい眺めを得られる物件は人気が高い。2 一階が銭湯になっている物件。銭湯だが温泉。3 霧島の物件。4 左の物件の風呂。温泉になっている。5 武家屋敷。6 蔵付き物件。7 屋久島の物件。敷地面積2925坪！

桜島の見える物件

桜島が見えるか見えないかで不動産の賃料や売買価格にも大きく影響する。もちろん見えた方が評価は高く、建物をつくる際も桜島を意識しながら計画をするのが一般的。眺望を守ることが景観条例で定められていることもあって、桜島が見える物件を見つけるのはそれほど難しいことではないが、より素晴らしい眺め、スタジアムの観客席で言う「S席」を手に入れるのに争奪戦となるのは必至。

温泉まで徒歩○分の物件

市街地の物件を探しているなら、「駅から徒歩5分」といった利便性の視点と同

3

4

5

6

7

じように、「温泉から徒歩５分」という条件を加えると面白い。

霧島や指宿などの別荘物件

霧島・指宿は温泉が有名。また雄大な景色と喧騒のない環境も素晴らしく、ここに別荘を持つ人は少なくない。自然の中に身を委ねて温泉につかる、何物にも代えがたい時間に定住を選択する人も。別荘の件数が多い分売り物件もある。

武家屋敷や蔵付き物件

北薩や南薩では、山の中の平坦地を中心に武家屋敷が今でも残る。また南薩の知覧や枕崎などではその昔、南方貿易の拠点として栄えた歴史からか蔵の付いている民家が少なくない。

島の物件

島の物件が見つかるともはや掛け値なしに全国の方々に紹介したいと思ってしまうほど、スケールからして桁外れの魅力的なものが多い。敷地内に人の背丈よりもはるかに大きな岩が転がっていたり、へそくり程度の金額で広い土地が購入できてしまったり、冗談のような物件ぞろい。物件探しは、まるで宝探しをしている感覚。

大寺さんの仕事場、通称「タイムトンネル」。2006年に住居の離れとしてつくった。

鹿児島の事例 1

ohtematic

オーテマティック

イラストレーター 大寺 聡さん

住居に増築をしてつくったアトリエから見えるのは一面グリーンの景色。今から14年前、東京から鹿児島県日置市吹上町の山の中に移住した大寺さんに話を聞いた。

東京で育ち、大学卒業後はずっとイラストレーターとして活動してきました。20代後半から仕事が徐々に軌道に乗り、でもその一方で東京は仮の住まいであり、根を降ろす場所とは違うという気持ちがずっとありました。

移住ということを意識したのは父の他界がきっかけです。父は鹿児島から上京しそれからはずっと東京で、結局、故郷に戻らないまま亡くなってしまいました。それがショックで。実は今暮らしている日置市吹上町はもともと父の実家、祖父と祖母が暮らしていた場所です。僕は子どもの頃、毎年夏休みになると父の郷里であるこの場所に帰省で訪れていましたが、東京とはどこか違う「帰る場所」という感覚があって好きだったんです。結局父は戻らなかったけれど、僕自身に子どもができて思うのは、僕らは父の世代とは逆の流れをつくらなければいけないんじゃないかということです。

実際に移住したのは、父が亡くなって10年経った2000年です。インターネットのおかげで、鹿児島でも自分の仕事ができるという手応えが得られたからです。自分をきちんと情報化することができれば大丈夫なのではないかと。あと、移住後に気づいたことですが、鹿児島から発信している今の方が自分の存在やメッセージがむしろ伝わりやすくなった。また以前は東京周辺のクライアントからの依頼が多かったけれど、こちらに来てからは東京と鹿児島、さらには名古屋、大阪、福岡といった都市のクライアントも持てるようになりました。これは私の

1 丘の上から大寺さんの自宅を見下ろしたところ。仕事場は右に見えている部分。2 住居部分。窓の向こうはジャングルのよう。3 オフィスを外から見たところ。4 近所で見つけてきた自然の造形物。5 自宅の裏山も購入。

職業ならではかもしれませんが、今まで直接会って打合せをしたことが一度もないクライアントの方もいます。

もうひとつ、意外と思われるかもしれないけれど、こちらの情報量はむしろ多いと感じています。違うのは、人工物と自然物の両方が創造のための情報源であるということです。森も海も身近な中で、たとえば珍しい石のかたち、集めた枝、虫のディテールをアップで撮った写真、そうしたものから情報を抽出したりインスピレーションを受けたり。一方で、インターネットはもちろん使えるし、BSやCSもあるし、Amazonもあるので、東京にいた頃と比べてさほど不便を感じることもありません。かつてはそうではなかったかもしれませんが、今の時代は、コンビニに行ったり通販で買い物をしたりする人こそ、この生活を試してほしいというのが正直な気持ちです。

最近、「働くお父さんを地域に戻さないといけない」ということを強く思います。うちの父親がそうであったように、働き盛りの年代、言い換えれば小さな子どもを持つ親の年代が地元から外に出てしまって戻ってこない。あるいは、昔の農家のように、かつては働く場所と生活する場所が一緒だったのに、今では職住が分かれてしまったこと。そうしたことの影響は大きくて、たとえばうちの長男が通う小学校の児童数が全盛期は800人近くいたのに、今はわずか40人にまで減少しています。もっとお父さんが地元にいて、なおかつ在宅で働くようになれば、日本の抱えるさまざまな問題は解決に向かうのではないでしょうか？

ohtematic　http://www.ohtematic.com

僕が神戸に越したワケ⑤

神戸では月イチで、ワーカー同士、移住組と地元組の交流会（飲み会）を行っている。（撮影＝小泉亜由美）

家族と一緒に。

text= 安田洋平（東京 R 不動産／ Antenna Inc.）

移住した一番の理由は何かと言われれば、「家族のために生きたい」ということだろう。自分はどうとでもなる。だから家族が行きたい、住みたいというところがあれば引っ越せる人でありたい。ウィークデーでも家族で出かけたり、仕事の合間に子どもを風呂に入れるために帰ったりできるようでありたい。仕事は変わらず続けながら、そんな状態をつくりだせたら。子どもが生まれたり、震災に遭遇したり、地方のR不動産の人たちの生き方を見たりするなかで強く思うようになった。

正直に言えば、僕個人は、クオリティ・オブ・ライフとかあまり興味がなく、ただ楽しく仕事ができればいい、あと音楽が聴ければいい、くらいしかやりたいことがない。

実は、住む場所だって、神戸が一番というような気持ちではなく、金沢でも福岡でも鹿児島でも湘南でも、仲間のいるところならどこでも楽しく住めると思う。

ただ、家族と一緒にいろんな風景が見たい。そのための開拓なら思いきってでもすべきだと思って、移住した。さて、この先、どうなるやら。

[07 山形]

REAL LOCAL 01

農家と大学と山形R不動産

山形R不動産の運営アドバイザーを務める馬場正尊（東京R不動産）に、水戸さんとはどんな人なのか、語ってもらった。

水戸靖宏 Yasuhiro Mito

山形R不動産　ディレクター

千歳不動産株式会社常務取締役。1968年山形県生まれ。1990年千歳不動産へ入社。賃貸・売買の仲介、賃貸物件の管理、資産運用コンサルティングの業務に従事。2011年馬場正尊が主宰する山形R不動産に参加。2011年父親の急逝により、家業の水戸農園の経営も始める（サクランボ、ラフランス、リンゴ、米などを生産）。平日は不動産業、休日は農業を営む兼業農家。

山形R不動産
www.realyamagataestate.jp
2009年2月スタート

「オレは絶対に農家は継がないと思っていた」。山形R不動産を共同運営する千歳不動産の常務取締役・水戸靖宏は言った。

「4年前に突然、オヤジが倒れちまって、それがサクランボ収穫の時期。急遽、息子のオレが会社休んでやるしかなくなっちゃって……」。サクランボは収穫の時期が短く、そこを逃がすとすべて無駄になってしまう。さすがにもったいないし、父親が手塩にかけて育てた農園を自分の代でばっさり潰すようなことはしたくなかった。水戸はこうして農家になってしまった。

「経験もないから、近所の農家に聞きながら手探り状態。でも小さい頃から横で見てきたから、それを手がかりにしながらやるしかない」。その年だけで農園を誰かに譲ってもよかったはずだ。しかし水戸はそのまま引き継ぐことにした。そこから兼業農家生活が始まる。

この日は、会社の部下の武田義晴と佐藤英人が業務報告にやってきた。農園のまっただ中にスーツ姿で登場するシーンは違和感たっぷりだったが、二人は今にもトラクターに乗り込もうとする

(上) 山形市内、山と田園風景。
(右) 山形R不動産は東北芸術工科大学と連携して運営を行っている。

(前々頁の写真) リンゴの木の下で。千歳不動産の水戸、武田、佐藤 (右から左へ)。

水戸に素早く取引や数字の報告をする。

佐藤は言う。「うちも実家は農家だから、別に、普通っす」。まったく普通でない光景だと思うが、もはやここではそれが日常となっていた。

水戸本人は「いや、カラダがもたん。もう45だから」と言うが、真っ黒に日焼けした顔にビシッとスーツを着た姿は妙に決まっている。最近モテるらしいが、いつも「残念ながら畑がオレを待っているので」というキメ台詞で夜更かしは控えている。

起床は4時半。自然に目が覚める。まだ日が昇る前の薄暗い空を見て天気を占い、朝の仕事に出かける。それが当たり前の日々。

「朝飯が美味いんだよね。以前は二日酔いでわかんなかったけどね」。8時過ぎに出社したときは完全にひと仕事終えた充実感。まるで1日が2回あるようだ。

山形R不動産は、この水戸が常務を務める千歳不動産という地元の老舗不動産会社と、東京R不動産の創設メンバーの一人である馬場正尊が教鞭をとる東北芸術工科大学との産学連携プロジェクト。物件探しや原稿作成の多くを学生が行っているのが特徴だ。

責任者の水戸が兼業農家になったのはまったくのアクシデントだが、もしかするとそのライフスタイル自体が山形という地方都市で生活することの意味を示しているのかもしれない。25万人の人口を抱える都市でありながら周囲を自然や農地に囲まれている。流れる空気は都会よりちょっとだけ穏やかで、でも機能性はあまり変わらない。学生たちは、そのまま山形で仕事をする選択肢を模索しながら、仕事場がなくて東京や仙台にいったんは就職する。でも彼らは、もしかすると将来ありえるかもしれない姿を兼業農家の水戸に見ている。仕事はひとつではなく、複数を行き来したっていいのだ。

地方都市で起こっていることは日本の近未来を示している。ここでの働き方は、新しい日本を楽しむヒントだ。兼業農家にあこがれる人は、山形R不動産のサイト内にある水戸靖宏のブログ「山形R農園 〜突然ですが、兼業農家になりました〜」にアクセス！

REAL LOCAL 02

山形で始めた新しい住まい方の実験

text= 馬場正尊

1 馬場正尊が教鞭をとる東北芸術工科大学。2-5「ミサワクラス」のプロジェクト。空き家になっていた元・旅館の建物を学生たちが中心となってリノベーション。さまざまな使い方の実験を経て、学生や社会人が住むシェアハウスに。(1･4･5 ©東北芸術工科大学)

■東北芸術工科大学と山形R不動産

東北唯一の総合芸術大学として1991年に設立された東北芸術工科大学。山形R不動産はこの大学と地元企業の産学連携プロジェクトである。蔵王のふもとの郊外に建ち、豊かな自然に囲まれつつ、街中にも車で15分の場所にある。小山薫堂や宮島達男など個性豊かな教授陣が特徴。僕もそこで教えているひとりだ。この大学は地元企業とさまざまなコラボレーションプロジェクトを展開していて、山形R不動産もそのひとつ。最初は大学内でのまちづくりやリサーチだったが、活動を続けるうちに老舗不動産会社の千歳不動産から提携の打診があり、共同プロジェクトへと発展した。建築・環境デザイン学科を中心とした学生たちが取材をし、特にリノベーションのデザインや設計を行いつつ、千歳不動産が仲介や契約業務を行っている。全国のR不動産の中でも唯一産学連携で運営されている。それも地方都市でのまちづくりやR不動産のあり方の可能性を示している。

■ミサワクラス

七日町《なのかまち》という、山形市内の商店街のど真ん中にあるシェアハウス。かつて「三沢旅館」という旅館だったが数年間、空きっぱなしだった。それを東北芸術工科大学の学生が発見し、シェアハ

6-8「お金をかけなくても空間は変わる」を合言葉に、街中の空いている物件を魅力的に変える「バリューアップ原状回復プロジェクト」。

ウスに変えることを卒業設計にした。せっかくつくった企画なので、大学やオーナー、銀行にプレゼンテーションを行ったら賛同を得られ、本当に実現してしまったプロジェクト。設備は工務店に頼んだが、塗装や家具等は学生たちのセルフリノベによってつくられている。山形におけるリノベーションのきっかけとなった。ダイニングは時にギャラリーになって公開されたり、空き部屋がアーティストインレジデンスになり作品が制作されたり、実験的な住み方が行われた。ここからはたくさんのクリエイターが輩出され、トキワ荘のような状況になったこともあった。次第にそれも落ち着き、今では学生ばかりでなく社会人も住むシェアハウスになっているが、その個性は健在だ。

■バリューアップ原状回復プロジェクト

山形R不動産の名物プロジェクト。原状回復とは、引っ越しで退去した後、次の人が住む前に壁紙を貼り替えたりクリーニングをすることだが、それにも10万円以上は余裕でかかる。だったらもう少しだけコストをかけて大胆にリノベーションしてしまおうじゃないの、という企画。今まで10物件あまりを手がけている。たとえば内装を壁紙ではなく合板でくるんで壁や床を好きに塗ったり、アンカーを打って棚を

9-14 山形に多く残る蔵を再生する「ヤマガタ蔵プロジェクト」。学生たちが掃除をし、リノベーションを施す。現在ではカフェやギャラリーとして運営されているところも。

付けたり、DIYができる部屋とした。他には空間の半分を土間にした部屋などもあり、そこは芸術系の学生がアトリエ付き住居として使っている。このような小さな工夫で空間も使い方もドラスティックに変わる名作リノベが生まれている。「お金をかけなくても空間は変わる」を合い言葉に目下、市中のオーナーさんに営業中。バリューアップ原状回復をした物件はどれも人気で、あっという間に住み手が決まってしまう。山形ばかりではなく日本中で一般化すればいいのにと考えている。

■ヤマガタ蔵プロジェクト

江戸時代、北前船による交易で栄えた歴史を持つ山形には、紅花の貯蔵用から居宅に使用されたものまで、その頃につくられたたくさんの蔵が現存する。それを再発見し、いい物件があればリノベーションするのが「ヤマガタ蔵プロジェクト」。東北芸術工科大学の学生たちによって約10年間継続的に行われている。街中で使われずにひっそり放置されていた蔵が、カフェやギャラリーへ変わり、蔵再生のシンボルとして親しまれている。重厚感のある空間では時折、クラシックやジャズのライブが開催されたり、伝統工芸の展示や、ときには現代美術のインスタレーションなど、空間の特徴を活かした使われ方が模索されている。このプロジェクトを通し、蔵が街の資産である

15-18「山形エコハウス」。新しい無印の家の原型ともなった。山形での林業を発展させるためには、地場の木材を使ったエコハウスが有効。見学もできます。

ことが再認識され、復活・再生が少しずつ進むようになった。しかし現実には、日々多くの蔵が取り壊されている。ちょっと残念だ。

■山形エコハウス

東北芸術工科大学の敷地に建つ、究極の性能を有したエコハウス。山形県が環境省の補助を受け、東北芸術工科大学と連携して企画、設計、建設をし、2010年に竣工した。外観は木造のシンプルな建築だが、中味は高い断熱性能やソーラーシステム、最先端の空調など住宅設計の技術の粋が集められている、未来に向けたモデルハウス。

山形は、夏はフェーン現象で40℃近い気温を記録する反面、冬は日本有数の豪雪地帯と、過酷な自然条件下にある。そのなかでエネルギーをほとんど使わず、二酸化炭素の排出を限界まで抑えた家づくりの実験が行われた。高断熱・高気密のエコハウスは、夏はエネルギーを消費するのではなく逆に生みだし、売電している。冬はペレットストーブで室内全体が一定の温度で保たれる。電力が途絶えた東日本大震災のときも、外は0℃近かったにもかかわらず、室内はずっと18℃程度に保たれ、その性能が改めて証明された。

このエコハウスは新しい無印の家の原型にもなっている。見学は自由。希望があればガイド付きで見ることもできる。

全国のＲ不動産とグループサイトの最新記事が
まとめてチェックできるサイト「R不動産ヘッドライン」

どのサイトからでも、ページ右上の「HEADLINE」ボタンを押せば表示されます。

R不動産ヘッドラインで、今日の日本をイメージトリップ。

text＝馬場正尊（東京R不動産／Open A代表）

毎日、全国のR不動産では、物件やコラムがアップされている。月の家賃が数十万円の東京の高額物件から、それと同じくらいで買える地方の中古物件まで。それは今の日本の縮図のようだ。

◆ニュースサイトの構造
全国でアップされる記事が機械的に時系列に並び、クリック数が多いページが上に昇っていく仕組みで編集の恣意性はない。だから全国の情報がランダムに並ぶことになる。そういう意味で「R不動産ヘッドライン」はニュースサイトの構造を持っている。

◆全国のR不動産を旅する気分にも
しかしもうひとつの読み方がある。普通、不動産サイトは自分が住もうと思った都市しか見ないものだ。でも全国のR不動産を眺めていると、その街にちょっとだけ住んでみたくなる。海が目の前の激安物件、味のある民家、スキー場と温泉の付いた山の物件…。ガイドブックにある観光名所ではなく、生活を想像してしまう名もなき物件たち。もしかするとR不動産は、旅人のためではない、街の日常のためのガイドなのかもしれない。それに気がついたとき、全国のR不動産を旅するサイトが欲しくなった。

東京でスカイツリーの見えるマンションの隣に、鹿児島では桜島の見える民家が掲載されている。稲村ヶ崎で海から上がってコラムを書いている頃、山形では畑を終えてうまい朝飯を食べている。どっちも羨ましい生活だ。どの風景も今の日本であり、僕らはどの暮らしも選択可能なのだ。行けない街があるからこそ行きたくなるし、新しい暮らしを始める原動力にもなる。

デスクの上のPCや電車の中のスマホの前で、今の日本を感じるショートトリップへ。ちょっとしたきっかけで、あなたは将来、その街に住むことになるかもしれない。

あとがき

text= 安田洋平（東京R不動産／Antenna Inc.）

2014年6月4日。僕は東京から神戸に移住した。東京R不動産のメンバーでありながら、ウェブコンテンツの制作や、本を編集したりするのが仕事の僕は、遠隔でもそれまでと変わりなく仕事をするということが比較的しやすい方ではないかと思ったからだ。そして今、神戸R不動産のオフィスのすぐそばにあるシェアオフィスに居を構えて、仕事を行っている。

この本の制作も、遠隔的な仕事の仕方をベースにしている。編集の僕は神戸、出版社の担当さんは京都、デザイナーさんは東京と、それぞれいる場所はバラバラ。三者の打合せはネットのビデオ会議ツールを使って行った。撮影についても東京、鎌倉、金沢、大阪、神戸、福岡、鹿児島、山形、できるだけその土地のカメラマンとご一緒するようにした。
この本『全国のR不動産　面白くローカルに住むためのガイド』は、「移住」や「これからの働き方」ということを強く意識している。そして、人々が好きな土地で面白く住めるようになるためには、仕事が東京に一極集中しないということは大事なポイントだと思う。だからこの本でも東京に偏らず、フラットに全国のクリエイターと仕事をすることを心がけた。北は山形から南は鹿児島まで、さまざまな土地の人と一緒にこの一冊の本をつくれたということは手応えになったし、楽しかった。

もっとも、そういう幸せな体験を一方でしながら、同時に最近は神戸にいて、遠隔で働くことの不安も少しずつ感じ始めている。たとえば、東京R不動産のメンバーはどう思っているだろう、という不安。やっぱり以前のようには日常的に顔を見て付き合えていないし、その場の空気を肌で感じられていない。遠隔でも問題なく働けていると、移住したばかりの頃は思っていたが、「その場にいない」ことのリスクも生じている、ということにも気づき始めている。ただ、それでも、いろんなことを乗り越えながら「面白くローカルに住み、働く」ことを自分自身、継続的に実践していきたい。ローカルはフロンティアだと感じるからだ。

最後に、連日深夜までの作業をご一緒くださった学芸出版社の宮本裕美さん、全国のカメラマンさんやライターさん。そして、全国のR不動産のみなさま。本当にたくさんの方にご協力いただきました。この場を借りて深くお礼を申し上げます。

[08 東京]

東京R不動産ディレクター
馬場正尊×吉里裕也×林 厚見　鼎談

「R不動産は、選択肢を広げるために、これからも走り続ける」

2003年に始まった東京R不動産。あれから10年。
僕らの仲間は全国に広がり、R不動産は、2014年8月現在、
9都市で展開するようになった。
また新たにローカルの仕事やコミュニティーの情報をシェアするサイト
「リアルローカル」も立ち上がろうとしている。
もう一度、これからの僕たちにとっての「住む・働く・移動する」について、話しあってみたい。

進行＝安田洋平（東京R不動産　編集ディレクター）

東京R不動産
www.realtokyoestate.co.jp
2003年11月 スタート

馬場正尊　Masataka Baba
東京R不動産　ディレクター
1968年佐賀県生まれ。早稲田大学大学院建築学科修了。博報堂、雑誌『A』の編集長を経て、2003年Open Aを設立。同時期に始めた「東京R不動産」のディレクションを務める。2008年より東北芸術工科大学准教授。建築の近作に「観月橋団地再生計画」(2012)など。近著に『RePUBLIC 公共空間のリノベーション』(2013)など。

吉里裕也　Hiroya Yoshizato
東京R不動産　ディレクター
1972年京都生まれ。東京都立大学工学研究科建築学専攻修了。不動産ディベロッパーを経て、2003年に馬場らと「東京R不動産」を立ち上げ、2004年に株式会社スピークを林と共同設立。不動産・建築・デザイン・オペレーション・マーケティング等を包括的に扱うディレクターとしてプロデュース、マネジメントを行う。

林 厚見　Atsumi Hayashi
東京R不動産　ディレクター
1971年東京生まれ。東京大学工学部建築学科卒業。マッキンゼー・アンド・カンパニーにて経営戦略コンサルティングに従事した後、コロンビア大学建築大学院不動産開発科修了。2004年に吉里と株式会社スピークを共同設立。不動産の開発・再生における事業企画・プロデュース、新規事業開発、カフェ・宿の経営などを行う。

新島のカフェ＋宿「Saro」。

千葉県いすみ市の「ぼーっとハウス」。

▷それぞれのローカル・アイデンティティー

――東京から始まったR不動産が房総、稲村ヶ崎、金沢、大阪、神戸、福岡、鹿児島、山形と全国に広がったわけですが、住み方や働き方の自由はどう広がったのか。あるいは、これからのローカルはどういう可能性を持っているのか。そのあたりについて話を聞かせてください。
と、その前に、R不動産の初期メンバー3人がこれまでどういう土地で生まれ育ってきたのか、ローカルなバックグラウンドについて、教えてもらえますか？

馬場　僕は九州の佐賀生まれ。子どもの頃は父親の転勤で佐世保、久留米、伊万里、福岡と引っ越した。生粋の九州育ち。田んぼがあって海があってという典型的な田舎の環境で、東京にものすごく憧れていた。大学に進学するとき初めて飛行機で東京に来たんだけど、夕方だったからポツポツ灯りが増えていって、建物の輪郭が見えて、それにすごくドキドキした。これ全部建物で、全部人がつくったんだって。今でも夕方に羽田に着く便はつい窓側を取ってしまう。
社会人になってからは東京で働けることが嬉しくてたまらなかった。東京の時間感覚や物質世界に陶酔感のようなものを感じていた。

林　僕は生粋の東京人、世田谷生まれの世田谷育ち。小学校の頃から渋谷のデパートで遊んで、高校の帰り道は六本木のWAVEに寄っていた。大学も就職も東京都心。子どもの頃は星を見るのが好きだったので山によく行っていたけど、日常的に土が恋しいという願望も、田舎に住みたいというイメージも持ったことはない。都会に生まれて良かったと思っているところはある。より大都会に憧れて、28歳のときニューヨークに1年間住んだりもした。
ただ35歳くらいから、「東京じゃない場所に居場所が欲しい」と強く感じ始めて、東京から2時間半で行ける新島に「Saro（サロー）」というカフェ兼宿をつくった。毎年夏になると定期的に新島に行っている。

吉里　僕は京都で生まれて、それから東京の練馬、横浜。そこまでが小学校で、中学高校は金沢で暮らして、その後、大学時代は都内郊外でルームシェアなどして暮らしていた。働くようになってからはずっと東京。ちなみに父方の実家は熊本で、母方の郷里は新潟。だからか田舎も都会も自分の中ではフラットな存在。都会にコンプレックスがあるわけでも、田舎に憧れているわけでもない。
ただ、2006年、サーフィンをやりだしたタイミングで、東京だけで生きていくのに違和感を覚え始めた。そこでもうひとつの場所が欲しいなと思って、千葉県いすみ市に会社で物件を購入（通称「ぼーっとハウス」）。その頃は週に1回以上のペースで房総に行っていた。

房総R不動産。

房総の「馬場邸」。

▷二拠点ライフ

――房総に関しては馬場さんも土地を買って家を建てましたよね。また、それと同時に、2008年に「房総R不動産」も立ち上げました。

馬場　僕が39歳のときだね。突っ走ってきたけど、ちょっと疲れてきたという感覚があった。東京に住みつつ日常の延長上と言えるくらいの距離感で、気楽に切り換え可能な非日常を求めたくなった。それで房総との二拠点居住を始めた。

吉里　サブの場所が欲しかった。つかのま、オンとオフを切り換えることができて、けれども旅行とは違う。

――「リラックス不動産」もそういう動機から始めたんでしたよね。リゾートや別荘ほど大げさなものではなく、もう少し気楽な、都心生活のオルタナティブとして使える郊外物件を探すためのサイト。2006年に始めて、神奈川や千葉から軽井沢、沖縄までいろんな郊外の物件を載せていた。

馬場　その後、房総R不動産や稲村ヶ崎R不動産などができて、「リラックス不動産」は一応の役目を終えたということで終了したんだよね。それこそ今の全国のR不動産の原型といってもいいかもしれない。

――林さんが新島の宿「Saro」を始めたのも、馬場さんたちが房総に行くようになったのと、ほぼ同時期でしたよね。

林　Saroを始めてもう5年になるけど、僕は東京の都会に住む人間が、新島のような存在を組み合わせることは大事だと思うようになっている。都会ではやはり集中しないといけないし、オンであり続けないといけない。でもバランスも必要。だから東京から2時間半で行ける島は、いわば東京で暮らす人にとって大きな意味での「公園」みたいな存在なんじゃないか。そこに行くと自分がまっとうになれる、っていう。

吉里　林さん、新島に行くと大きな声で挨拶するんだよね(笑)。

馬場　そういえば、リラックス不動産を始めた頃、もうひとつ感じ始めていたことがあったな。ちょうど、房総に家を買ってからほどなく、東北芸術工科大学で教えることになって、定期的に山形に行かなければいけなくなった。
そうすると山形に行くために奥羽山脈を越えるとすでに雪が積もっていて、房総の家に帰ってくると、目の前には全然違う季節の風景。さらに九州での仕事が始まってからは、山形から九州まで飛行機で飛ぶから、こっち雪なのに、かたや桜咲いてる、みたいな。日本というのは国土的にこれほど小さいのになんて多様なんだ、とリアルに体感するようになった。
以来、いろんなところを移動しながら成立する暮

林 厚見。

2006～2009年まで運営していた「リラックス不動産」(現在は終了)。

らしというものを意識するようになった。

▷なぜ、今、東京？

——日本のいろんな地域でR不動産が増え、個々の生活の環境なども見るようになって相対的に「今、東京に住むこと」をどう捉えていますか？

吉里　山の上にオフィスを構えた鹿児島R不動産の仕事場の風景とか、山も海も近い神戸の生活とか、ああいう素晴らしい環境を見ると、じゃあなんで自分は東京に住んでいるのだろう？という気にはなるよね。

ただ、だから移住するという考え方もあると思うけど、一方で、東京にしかないものって何なのか、あるいは地方に行かないと本当にそれは手に入らないのか、という考え方もできると思う。

東京か地方か、というのではなく、より自分の住んでいる環境に自覚的であることの大事さというか。受動でなく選択しているかどうか。たとえば、僕が今住んでいる目黒の家からは窓を開けると緑しか見えない。通勤の点でも、仕事場から自転車で通えるところに家を借りたから、子どもともすぐ会える。地方が優れている点のひとつは、自然や小さな圏内での充実度ということが言われているけど、じゃあ東京にいてそれを得るためにどう工夫すればいいかって僕はまず考えるようにしている。

——馬場さんは？　自分の育った九州に戻りたいという気持ちは持っていたりしますか？

馬場　「いざとなれば戻れる自分の田舎がある」って思っているところは気持ちのどこかにあるかもしれない。でも、現実には今の僕は、ものすごいペースで移動し続ける生活を余儀なくされている。もっとも、それはそれで今の自分が選択していることだし、決して嫌いではないんだけどね。

そういう働き方をしている僕にとっての東京とは、住む場所というより「トランジット・シティ」、それ自体が大きな乗り換え空港みたいな存在に見えているところがある。そう考えると、東京は結構良い街。飛行機でも電車でも、あらゆる交通機関に対するアクセシビリティーは世界的に見ても優れているから。今自宅があるのは浜松町で、その前は高輪だったけれど、それも東京の中でもっともいろんなところに出かけやすい場所はどこなんだろうって考えた結果の選択。よく東京がセカセカしてるっていうけど、僕からすればそこは乗り換え駅だから当たり前という心境。

もちろん、年齢とともに今後少しずつモードが変わっていくかもしれないとは思っている。ただ、さまざまなノイズが行き交う雑踏の中を、ビュンッて駆け抜けていくあの身体感覚は、好きだな。

——東京生まれ東京育ちの林さんが、東京以外の土地に住むっていう選択は将来的にありえますか？

林　ある。実は最近、京都に住むということをちょっと考えている。完全移住っていうよりは、東京と京都の二拠点って感じだけど。

東京・東神田の「アガタ・竹澤ビル」。かつては廃墟状態だったが、今ではギャラリーや飲食店、アパレルや雑貨店などが多く入り、イーストエリアのメッカとなっている。

東京の東側でクリエイターたちと地元の人が一緒につくったイベント「セントラルイーストトーキョー」。

たとえば、親しい友人に、これからの地域と林業のあり方を追求している株式会社トビムシの竹本吉輝さんがいるけど、彼は岡山県の西粟倉に事業拠点を持って、と思ったら家族で札幌に引っ越して、東京で事業を始めたからと今度は国立に仕事場をつくって。ものすごく多拠点化している。それでいて、スカイプなど使いつつ、移動時間を非常に快適に使って仕事をしている。彼のような動きを見ていると、僕自身も、今すぐかはわからないけど、やろうと思えば全然できなくはないという気はしている。

吉里　でも最近思うんだけど、東京もローカルのひとつじゃないか？　ローカルって、実は単位の話なんじゃないか。

林　単位って？

吉里　たとえばCET（セントラルイーストトーキョー）エリア（※）だって、東京のローカルだと思うっていうこと。また全国のR不動産だって、なぜ湘南R不動産や石川R不動産でなくて「稲村ヶ崎R不動産」や「金沢R不動産」だったのか。そういうところにこれからのローカルを考えていくヒントが隠されている気がする。

▷地方に面白い人材とプロジェクトが増えている

——馬場さんも吉里さんも、仕事やイベントでいろんな地方に呼ばれて行く機会は多いと思いますが、この2、3年の地方の動き、どう見えていますか。

吉里　若くて優秀な人たちが地方に戻って、東京ではできないようなユニークなプロジェクトを始めているケースが最近特に増えていると感じる。しかもそれを実現していくスピードが、東京に比べて早い印象。

馬場　しかも気負ってそれを行っているんじゃなくて、自然体で地方都市に行って、スーッと新しいことを始めている感じなんだよね。それが東京だったら、馬群に飲み込まれて活動が目立たなくなってしまいがちだけど、地方だと際立つという印象がある。

吉里　今新しく地方で何かを始めている人って、意外と地域のコミュニティーのベタベタした部分に飲み込まれないで、ニュートラルな感じで入っていけているような印象がありますね。「異質な存在」という立ち位置を失わないでいる方がいいのかなって。

馬場　それを聞くと、「CET」を通じた、地元の人との付き合いのことを思い出すな。2000年代のはじめ、あの辺りにオフィスを構えたときにまず感じたのは、「ここは東京における地方都市みたいだ」ということだった。商店街のつながりが強固だったり、祭りの神輿《みこし》を担ぐためのルールがあったり。
最初はそうした地元のコミュニティーに馴染まなくちゃいけないと思っていた。でも途中からそれは諦めた方がむしろいいんじゃないかって思い始めた。無理してコミュニティーに入らなくても、そこに対しての敬意は払いつつ、しかし違うレイ

CETエリアの新しいローカルコミュニティーを紹介する
地図「EAST TOKYO MAP」。

吉里裕也。

ヤーにいて違うカルチャーをつくっていけばいいと。その中で共存していけばいい。他者であることを止める必要はない。
そう考えられるようになってからはすごく気が楽になったし、いつか僕が地元に帰ったとしても、ある程度、ストレンジャーという立ち位置のままでもいいんじゃないかと思えるようになった。

▷一極集中から変わりつつある!?

馬場　そういえば、この間びっくりしたことがあって。徳島の美波《みなみ》町っていう、正直行くにもかなり不便な漁業の町があるんだけど、そこの町長さんと話をした。その町は古民家などをIT企業やデザイン事務所に積極的に貸し出していて、今、意欲的な若い事業者が集まってきている。そうした事業者のうちのひとつが、「美波町で働きませんか？」と日本仕事百貨を通じて求人募集をしたところ、3人の求人枠に、200名近い応募があったって。過疎の地域だよ!? しかも応募者はほぼ全員20代という。

林　ニッチだと思っていたのが、気づけばマジョリティーに近づいているという状況は少しずつ起こってきてはいますよね。とはいえ、徳島にポーンッて行く感覚はすごい。

——でも最近は、あえて本社や主要拠点を地方に置くという会社も出てきていますよね。

吉里　ゲーム関係の会社が福岡に移っているケースとか、増えていたりはする。

馬場　古いところで言うとトヨタとか、すごく不便なところにあるんだよね。ある意味、ヨーロッパに行ったら当たり前というか、BMWだってバング＆オルフセンだってドイツやデンマークの田舎にある。

吉里　アメリカを見てもそういう印象は強い。ナイキがあるのもポートランド、ではなくて実はその隣の市のビーバートン。マイクロソフトもシアトルの郊外のレドモンドにあるし。
日本も少しずつそうした分散型になっていくのかな、という予感はないではない。

林　まだ大きい波ではないけれども、それらしき兆しは確かにあるね。

——地方で面白いプロジェクトが増えたり、スピーディーに進んでいけるかどうかは、行政の力量もかなり関係してきますよね。

林　それはあるだろうね。ここ最近、ビジネスの世界から市長になる人の例が増えていて、そういう人たちが行政のマネジメントを大胆に変えていっている印象が強い。また、昔と比べると、市長になるのはかっこいいことだってイメージができてきていて、それがいい影響を及ぼしていると思う。

馬場　確かに、今は国会議員になるよりも市長に

馬場正尊。

なった方がかっこいいっていうイメージ、あるからなあ。そこに人材が充実することで地方の面白さによりドライブがかかる可能性は大きい。

▷もっと気楽に移動する日本人へ

——R不動産が全国に増えていくことで、これから僕らの生活や働き方はどんな風になっていくといいと思いますか？

林　やっぱりスキルや知名度を持った人が移動すると、いろんなことがダイナミックに変わるきっかけにはなると思う。でも、肝心なのはそういう人たちがきっかけとなって、それまでその土地になかった仕事やプロジェクトが新たに創りだされるか。でないと結局、動きたいという人の欲求はあってもそこの土地で就ける面白い仕事は少なく、限られた人しか来ることができないという話になってしまうから。

馬場　これまでのR不動産が目指してきたことと一緒ではあるけれど、みんなにとっての住み方や働き方の選択肢がもっと増えたらいい。「今こういう仕事をしているからここに住もう」とか、もっと気楽に移動する日本人の姿というものを僕は想い描いている。
日本人はすごく洗練された交通網を持っている。一方で、移動コストは世界的に見ても高い。でもそれは段々と解決されていくと思う。そうなると、実はこのコンパクトな国土の中に非常に多様で豊かな自然や気候、人間性があるということを、もっと多くの人々が日常的に享受して楽しめるようになるはず。またそうなれば自然と、今とはもっと違った働き方も開拓されていくことになる。

吉里　僕は、R不動産というのは、自分の家や暮らす地域に自覚的になるための装置みたいなものだと思っている。
一番不幸なのは、「○○はいいよね」と隣りの芝は青い的なことを言いながら暮らすこと。それが東京でも、地方でも、海外でもいいと思うし、移ってもそこに居続けてもいいんだろうけど、主体的に「そこを気に入って住んでいるんだ」って言えることがハッピーなんだと思う。そういう意味で、僕らの運営するサイトを通じて、いろんなローカルが、あるいは自分の住むところが、客観的に見えるようになったらいいんじゃないか。

馬場　移動コストが下がって面白い都市が増えれば、人口は減っても都市に遊びにくる人は増える。もちろん定住するのもいいし、多拠点やホッピングするのも楽しい。ローカルには多様な使い方がまだまだある。だから僕らは、これまでと違う指標で都市の関係を捉え直したいし、また何よりそれを体現しているのが、全国のR不動産のメンバーだって思っている。だって、みんな自然体で楽しそうだからさ…。

——確かに（笑）。ありがとうございました。

（収録　2014年7月15日　原宿・東京R不動産のオフィスにて）

※馬喰（ばくろ）町、東神田、東日本橋などのエリア。街でCETというイベントを7年にわたって行っていたのと併せ、「CETエリア」あるいは「イーストトーキョー」という呼ばれ方を一部でされるようになった。実はR不動産の始まりも、CETがきっかけになるなど、深い関係がある。

対談

兼松佳宏（greenz.jp編集長）×
吉里裕也（東京R不動産ディレクター）

「地元目線のメディアをつくる」

2013年、ウェブマガジン「greenz.jp」編集長の兼松さんが
鹿児島に移住したと聞いて少なからず驚いたのを覚えている。
鹿児島R不動産という兄弟サイトができたこともあり、
なぜ鹿児島に移住したのか？　働き方はどう変わったのか？
グリーンズの組織全体に与えた影響は？　など、
気になっていたことをこの機に聞いてみることにした。

兼松佳宏（かねまつ よしひろ）
ウェブマガジン「greenz.jp」編集長。1979年秋田県生まれ。2006年に鈴木菜央らと共にgreenz.jpを立ち上げ、2010年から編集長を務める。2013年2月、長女の誕生を機に鹿児島へ移住。

吉里裕也（よしざと ひろや）
プロフィールはp.128参照。

■「東京目線」からの脱却

吉里　早速ですが、兼松さんが鹿児島へ移住しようと思ったのは何がきっかけだったんですか？

兼松　直接のきっかけは妻の妊娠ですね。どこで子育てしようかって考えたときに、やっぱり妻の両親が住んでいる鹿児島が安心できるんじゃないかと。
でも、その裏にはもともとどこかへ移住したかったっていうのがあった。グリーンズに載る全国の記事で、「地方はこんなに面白いよ」と言いながら「自分は東京なのか」みたいな言いようのないジレンマがあって。

吉里　ただそうは言ってもつながって刺激になる人に出会える機会は、やっぱり東京の方が多いと

「ほしい未来は、つくろう。」を合い言葉に、ソーシャルデザインのヒントを毎日発信するウェブマガジン「greenz.jp」。http://greenz.jp/

は思うんですが。そこはどうなんですか。

兼松　こういう仕事をしているからでもありますが、東京にいたときは本当に毎晩イベントや飲み会のお誘いがありました。とてもありがたいのですが、やっぱりすべてに応えられないので断ることが多くて。でも今は物理的に行けないというのは、ある意味楽ですね。移住したことで人も情報も断捨離できたというか。余計な情報が入らなくなって自分にとって今大事なのは何かということに集中できるようになったと思います。

吉里　それはそうですね。東京に住んでいると本当にそこは悩ましい。

■地方に移り住んだ方が、むしろ人のつながりは充実する？

兼松　もうひとつ、人に関連したことで良かったのは、グリーンズのインターンを全国から募集できるようになったことです。それまではどうしても「実際に会っていない人とはできない」と考えてしまって、結果的に東京の人限定で募集していた。ところが僕自身が鹿児島に移住しちゃったから、その前提自体が成立しなくなって。結果的に「会わなくても遠隔でやってみよう」と吹っ切れて、募集の枠から東京を取り払った。そしたら日本全国のみならず、海外からも応募が来るようになったんです。その現象を見て、東京が面白いのは間違いないけど、そのせいで逆に見えていなかったものがあったんだなと気づきましたね。

吉里　地方に移住してからの方が、東京にいたときよりも知り合いになりたい人と親しくなるチャンスが逆に充実したっていうことを言う人もいますよね。

兼松　ですね。東京にいるときは飲んだりしないのに、鹿児島に来るって言われたら「じゃあ飲もうよ」って、自然になる感覚はわかります。

吉里　東京よりも地方都市にいた方が人同士がつながりやすいっていう感覚は確かにある。一人面白い人につながると、そこの土地で興味深い活動をしている他の人やグループとも、すぐつながれる。あの感じは悪くないですね。

■移住先で知り合いができるか

吉里　僕もこのまま東京を拠点にするかどうか、ここ数年ずっと考えていました。房総に会社で購入した家はあったりしますが、子どもが生まれて、本格的に房総に住むことも考えた。でも、結果的に今は東京に住んでいる。
なぜかというと、僕自身が出張などで地方や海外に移動して家にいないことが多い分、戻ってきたときにはできるだけ子どもと接する時間を確保しようと思って。結局、いろんなところに行って戻って、ということが一番しやすいのは東京かなと。その分、東京にいるときはできるだけ自宅を会社の近くにして、家と仕事場の移動の時間を短くしている。それが今の選択。

兼松さんは鹿児島に移って、ここは東京の方が良かったと思う面はありますか？

兼松　東京生活で時間をかけて培われてきたような、すごく信頼できる友達がまだいないことですかね。たとえばお互いの子どもを預かりあって、その間に夫婦の時間をつくったりできるような気のおけない間柄。お義父さんお義母さんが近くにいてくれるのはとても大きいのですが、ともすれば僕と妻とふたりっきりというメンタルになってしまうときがある。
鹿児島で活動を始めることが大事かなと思っています。活動を始めればそれがきっかけで、もっと新しい土地での知り合いも増えるかと。

■家族単位で、出張？

兼松　移住って、やっぱり家族単位ですから。今、ひとつトライしているのが、出張のときに家族と一緒に行くことです。たとえば今度京都に行くのですが、これまでだとメインの用事以外に、仕事関係の予定を目一杯に入れるということが多かった。でも次は仕事の打合せしか予定を入れないで、その後は家族で過ごしたり、妻の予定に僕が子守役としてついていったり。出張すると、外にいる方も家にとどまる方も、お互い疲れるし、モヤモヤすることもある。そのリカバリーに時間がかかったりするので、いっそ全部の現場に家族で行けたらいいなというのが今の理想。

吉里　出張に家族を連れて行くっていうのはなるほど、そうだよな……。ちなみに、今ご自宅は鹿児島のどの辺なんですか？

兼松　妻の実家から歩いて5分のところ。新幹線の駅の近くで、都会ですよ。今はまだ子どもが赤ちゃんだし、周りにいろいろ揃っている街中の方がいいなと思って。それに出張も多いから交通の便がいいところで。もっと郊外の「こういう感じのところに住みたいな」っていう理想はあるんですけど、段階があるんだろうなと思っています。

吉里　僕も子育てのことで言えば、子どもが今5歳なので決断をするタイムリミットが迫っているとは思っているんですよ。次、小学校だから。一度通い始めると動きにくくなりますよね。

兼松　確かに田舎に引っ越した知り合いでも、学校をどうするかで東京に戻ることをもう一度検討する人もいますね。僕の場合、とりあえず幼稚園は鹿児島でいいかなと思っているんですけど、その後どこに通わせたいかは、これから考えるでしょうね。それによってまた動くこともあるかもしれない。

■僕が東京にいなくても回っていく仕組みに

吉里　昔はUターンという言葉を聞くとあまり前向きな感じに聞こえなかったけど、最近はむしろ地方に移るということにネガティブなイメージは持たなくなりましたね。むしろ逆と言うか。

兼松　逆に都会を否定して出ていくみたいなのも言いすぎだなとは思っていますけどね。もっとフラットな感覚になってきている。

吉里　前、東京のときはどちらに？

兼松　いろんなところに住みましたけど、結婚してからは、妻が都心に住むのが嫌いだったので、横浜市の港南台に。実はそれが僕にとっては、鹿児島に移住する前の「予行演習」の期間だったと、今からすれば思いますね。往復2時間半はかかるので、オフィスまで遠くなったけど、ちょうどGoogleハングアウトとかスカイプのような、インターネットを使ったビデオ会議ツールが揃いはじめたタイミングだったこともあり、意外と行かなくても仕事ができるなということに気がついたという……。

吉里　今は鹿児島にいて、仕事はどこでしているんですか？　自宅？

吉里裕也。

コワーキングスペース「Tenon(テノン)」。(©Tenon)

みょうばん温泉。(©TJカゴ

兼松　娘が小さかった頃は「Tenon(テノン)」という、自宅から歩いて2分くらいのコワーキングスペースに通っていました。子どもに何かあったらすぐ帰れる距離ですし。でも娘も少し大きくなって、泣かなくなってからは主に自宅で仕事をしています。

吉里　基本、遠隔でも問題なく仕事ができているようですけど、「ここだけは自分が東京にいないとできない」っていう部分はありますか？

兼松　というか、自分が東京にいたときにしていたことをひたすら周りのメンバーに権限委譲するということが、まさに今僕の行っていることです。「僕がいなくても／行かなくても」クオリティーが保てる状況をどうつくるか。
まず、グリーンズではシニアライターさんという制度を始めています。それまでは記事の執筆だけをお願いしていたライターさんの中から、もっと範囲を広げて任せられる方を選んで、僕がしていた原稿のチェックをお願いしたり。僕の気配とかはそれなりに残りつつ、でも現場はどんどん他人に譲る、というのがいいのかなと思っています。

吉里　編集長である兼松さんが鹿児島に移って、グリーンズの売上はこう変わった、ということはあるんですか？

兼松　下がったということはなく、むしろ上がったかな。クライアントが大阪や福岡など、よりエリア的に広がっているのですが、「グリーンズの編集長が鹿児島にいる」ということも、ひとつのメッセージにはなっていると思います。企業などから相談がくる範囲が、東京縛りではなくなった。

■ローカル同士がいかにつながれるか

吉里　鹿児島の人から相談を受けたり、一緒に行う活動は何か始まっているのですか？

兼松　まだまだこれからですね。札幌や山梨などでソーシャルデザインを広める仕事は始まっていますが、足下の鹿児島では機会を探っているような感じかもしれません。僕より先に鹿児島に戻ってきて、東京とのネットワークを活かして仕事をされているUターン組と競合みたいになるのは嫌だなあと。今まで足りなかったピースになりたいという気持ちが強い。

吉里　幸いにもいろんな土地の人から呼んでいただいて行くことが多いのですが、そうしたなかで今、地方が元気になっているとすごく体感するんですね。北九州市で継続的に行われているリノベーションスクールも毎回面白いし、岡山の問屋町《といやちょう》というエリアも、日本でこんなことが！と思うくらい劇的な街の変化が起こっている。長野の善光寺周辺でも非常に興味深いムーブメントが始まっている。

兼松　ここ5年くらいで、同時多発的に面白い場所がいっぱいできてきていますよね。

タンカン。

兼松佳宏さん。

吉里　そう、面白いところがいっぱいある。強いて言うなら、点、点、点とそういう場所があるけど、それがお互いにつながるようなメディアがあったらいいというのが、次のあるべき展開なのかもしれない。ある地域の取組みや課題は、地方同士、わかりあえると思うし。

兼松　僕たちグリーンズとしてはまず、ライターさんを増やしたいですね。全国47都道府県で。ひとつはすでに各地方で活動しているライターさんに声をかけていくこと。もうひとつは、地元で面白い活動をしている人も新たにライターやコラムニストとして参加してもらえるような仕組みをつくること。

吉里　そのうち、移住してグリーンズでライターやりたいっていう人も出てくるかもしれないね。

兼松　そうなってほしいですね。東京の人が取材に来て東京の人向けに書くメディアはいっぱいあるけど、僕たちはむしろ地元の人が地元の目線で書いたものを載せたい。各地の面白い記事が上がっていくと、たとえば商店街の素敵な個人商店の珈琲屋さんのファンが全国に増えて、小商いが応援されて、そうした波がどんどん街に広がっていくかもしれない。

吉里　移住のネックは仕事と人かなと思いますが、その両方を解決して地域でお金を生むきっかけとなるメディアができていったら、いいですよね。

■みかんと温泉

吉里　ところで、兼松さん、個人的には鹿児島のどんなところがお気に入りなんですか？

兼松　ズバリ、みかんと温泉です(笑)。
家から歩いて5分のところにある「みょうばん温泉」は本当に素晴らしい。僕は出張から帰ったら必ず温泉に行って瞑想するんです。いわゆる温泉好きとはちょっと違うけど、何万年も旅をしてきたお湯と向き合うのが自分にとってはとても大事な時間。あと、二人で飲みに行く差し飲みもいいけど、"差し温泉"もいいなあと思っていて、外から鹿児島に人が来たら一緒に温泉に行ったりします。
みかんは、こっちに来て、こんなにたくさんの種類があるってことに感動したんです。スイートスプリング、はるみ、ポンカン、タンカン、デコポン、みんな違うし、それぞれ美味しい。みかんが好きすぎて、系統図を自分で作成してしまったくらい。この二つで、僕はまだまだ鹿児島にいたいって思いますね。

吉里　確かに、鹿児島の人って、日常通う銭湯が普通に温泉ですもんね。差し温泉、いいっすね(笑)。

(収録　2014年3月24日　鹿児島市春山町・マザルバカフェにて)

www.reallocal.jp
2014 年 9 月オープン
ローカルの「人」「仕事」
「場所」「イベント」「モノ」
の情報をシェアするサイト

リアルローカル、始まる。

text ＝馬場正尊（東京R不動産／Open A代表）

「地方で暮らすには、家が見つかるだけではだめなんです」
この問題意識が、R不動産に新しいサイトを生んだ。「リアルローカル」というのがそのサイトの名称だ。
今、日本には新しい移住の空気が流れ始めている。移住は言いすぎかもしれない。複数の拠点をもって移動しながら働くマルチハビテーション、都会と田舎をうまく使い分ける二拠点居住。まだ少数ではあるが、確実にその動きは始まっている。今までの田舎暮らしよりもダイナミックで、移動することが前提になっている。
新しい街で暮らすために必要なのは何だろうか？「場所／仕事／人」。この三つである、というのが、全国のR不動産が出した答えだ。
まず場所。住んだり働いたりする物件探しは僕らが得意とするところ。今後もR不動産の中心だ。
次に仕事。そこで生活していくためには収入が必要で、当然、仕事をすることになる。ハローワークはあるけれど、その枠組みに当てはまりにくい仕事も多い。このサイトではそんな個性的な求人も集めたい。
そして人。出会い、と言い換えられるかもしれない。その街で誰と出会ったか、そこからどんなネットワークが生まれたか。人は客観的な条件だけでなく、属人的な理由で場所を選ぶことが案外多い。これは全国のR不動産で移住者と付き合っているメンバーの共通見解だ。物件も仕事も、結局は人が生みだし、つないでいる。
イベントの情報や人々が集まるカフェについてのコラムがあってもいい。「この街に来たら、とりあえずこの人に会いに行け」という乱暴な掲載もありえる。
リアルなローカルを感じ、そしてそこに住むための三大要素。それがサイトを支えるカテゴリーとなっている。
最初はR不動産がある街から始めることになった。そこにはすでに物件と仕事と人々のネットワークが存在するからだ。だがもし、このフォーマットに共感してくれて、自分たちの街でも、という人がいたら相談してほしい。R不動産同様に、それを立ち上げ、継続していくには相当な苦労が必要なのは間違いなさそうだが、地域の情報のハブになるかもしれない。
情報はなぜか発信するところに集まってくる。地域の情報と人が行き交うことで、そこは自然と熱いバショ／サイトになっていくに違いない。

R 不動産の仲間たち

text ＝吉里裕也（東京 R 不動産／スピーク共同代表）

「ウチの街でもR不動産をやってみたいんです」
ありがたいことに、僕らのところには、全国からこんな相談がある。その相手も不動産会社、デザイン事務所、建築家に加えて、地元の工務店、出版社、まちづくりNPOなどさまざまだ。R不動産というメディアがどんな動機で、何のためにつくられているのか、僕ら自身にとっても教えられるところが大きい。

そして僕は、できるかぎり直接お会いして話をうかがうようにしている。
それは、「どの街で行うか？」よりも「誰と行うか？」が大切だと思っているからだ。地方でR不動産が最初に始まった場所は金沢だった。それは、僕自身がかつて住んでいたので地域のことをよくわかっているということもあったけれど、何より小津さんという素晴らしいパートナーに出会えたことが大きかった。
不動産はそれぞれの地域ごとに、独特の特性や古い体質があったりするので、そこを一緒に変革していくローカルパートナーの存在はとても重要なのだ。

その後、いろんな地方でそんな出会いに恵まれ、R不動産が少しずつ増えていくことになった。ただ、無闇に増えればいいとは思っていない。僕らにとってもパートナーにとっても、時間もかかるし覚悟も求められるからだ。最短でも半年、長いところで準備に2年以上かかったエリアもある。
パートナーは、お客さんを物件に案内したり、契約や管理といった不動産業の一般的な業務の体制が必要なのはもちろん、それ以外に物件を発見し、取材し、写真を撮り、文章を書いて伝えるというスキルを習得しなければならない。
感覚の共有も重要だ。僕も必ずその街に行って動き回る。街の空気や大きさを自分の足で感じ、物件をいくつも回り、その街の魅力をパートナーと一緒に発掘していく。その過程の中で、どんな物件が魅力的で、物件のどこがグッとくるのかなどを皆で共有し、各エリアの特徴を切り取った「アイコン」に落としこんでいく。

そして、最も難しく、一番重要なのは、魅力的な物件を「継続」的に紹介していくことだと思っている。僕らはメディアとして、常に新しい視点で物件を発掘し提供し続けていかなくてはいけない。

すぐ成果が出るものでもない。マス向けではないから、ある程度の人口規模や都市性がなければ難しいだろう。

ただ、R不動産というのは、自分たちの街に対する愛着があり、なおかつ、もっと楽しく変えていきたいと思っていて、そこに住んでほしいと真摯に考えている、そんな人たちによって運営されてきたし、これからもそうした仲間たちと一緒に続けていきたいと思っている。

この本に協力してくれた方々
フォトグラファー：[01鎌倉] 後藤武浩 p.7～9、16、18～23／ [02金沢] 松本博行 (UNIT.DESIGN) p.25、27、36～43／ [03大阪＋04神戸] 平野 愛 (FLAT-FIELD)　p.45～47、52～56、61～63、72～77／ [05福岡] 平川雄一朗 p.79～81、89～97／ [06鹿児島] 久木山雅彦 p.103～105、114～115、135～139／ [07山形] 瀬野広美 (FLOT)　p.117～118、120／ [08東京] 杉浦貴美子 p.127～128、130、134 (ポートレートのみ)
※ただし、写真キャプション中に別途撮影者クレジットの記載のあるものは除く。
ライター：[03大阪] 竹内 厚 (Re:S) p.46～47、52～57／ [06鹿児島] 上村麻里亜 p.114～115／ [08東京] 飛田恵美子 p.128～139

[表紙の写真] 平野 愛 (FLAT-FIELD)

全国のR不動産
面白くローカルに住むためのガイド

2014年10月1日　初版第1刷発行

著者	東京R不動産／稲村ヶ崎R不動産／金沢R不動産／大阪R不動産／神戸R不動産／福岡R不動産／鹿児島R不動産／山形R不動産
発行者	京極迪宏
発行所	株式会社学芸出版社 京都市下京区木津屋橋通西洞院東入 電話075-343-0811　〒600-8216
編集	安田洋平 (Antenna Inc.)
デザイン	MAEDA DESIGN LLC.
イラスト	竹田嘉文
印刷	サンエムカラー
製本	新生製本

ISBN 978-4-7615-1343-6